Les Petites Sorcières

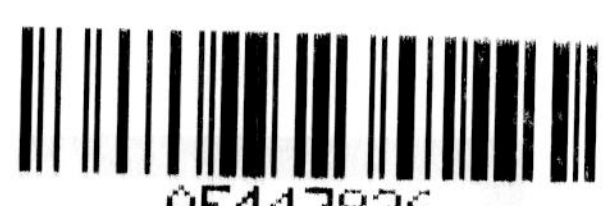

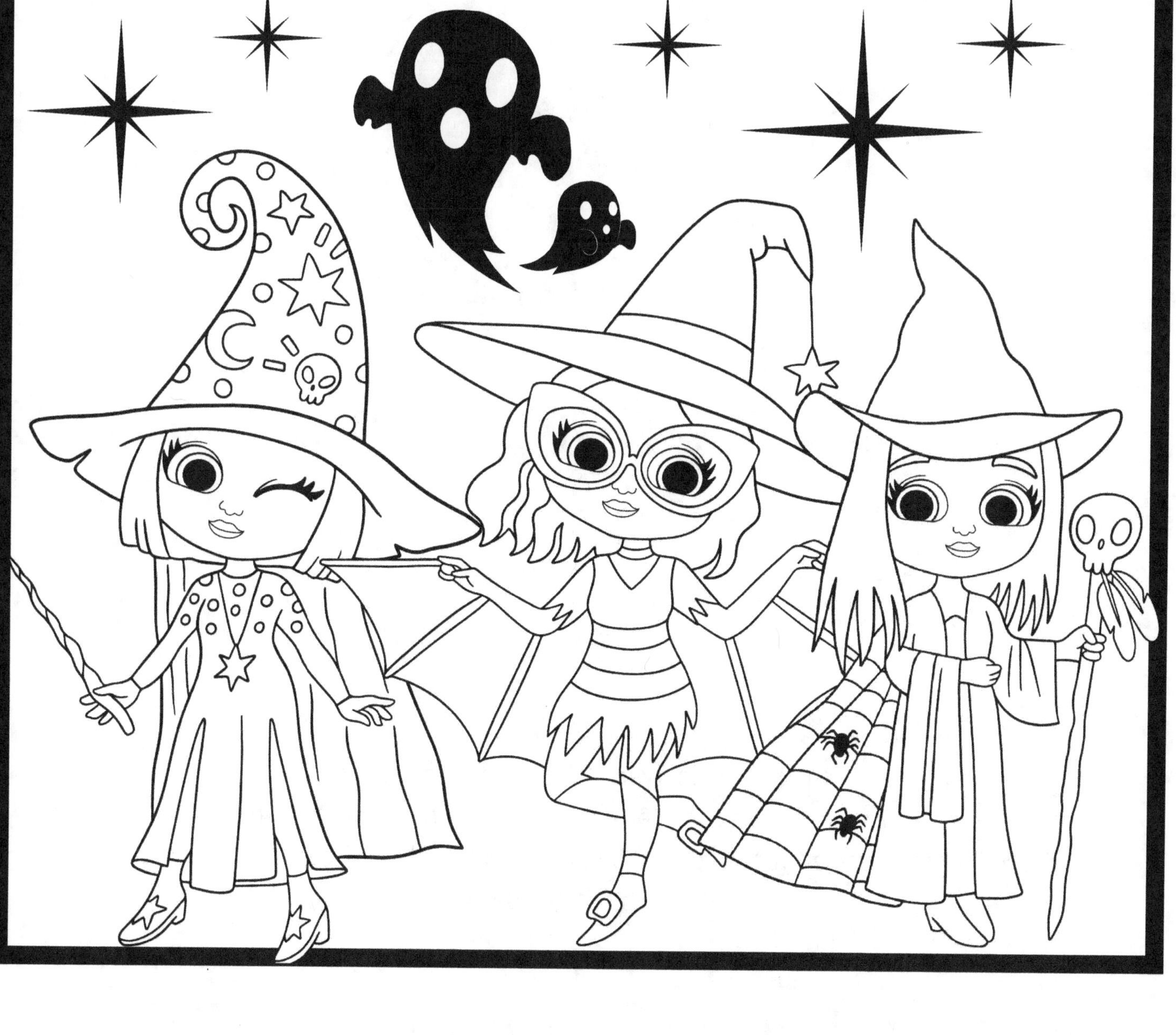

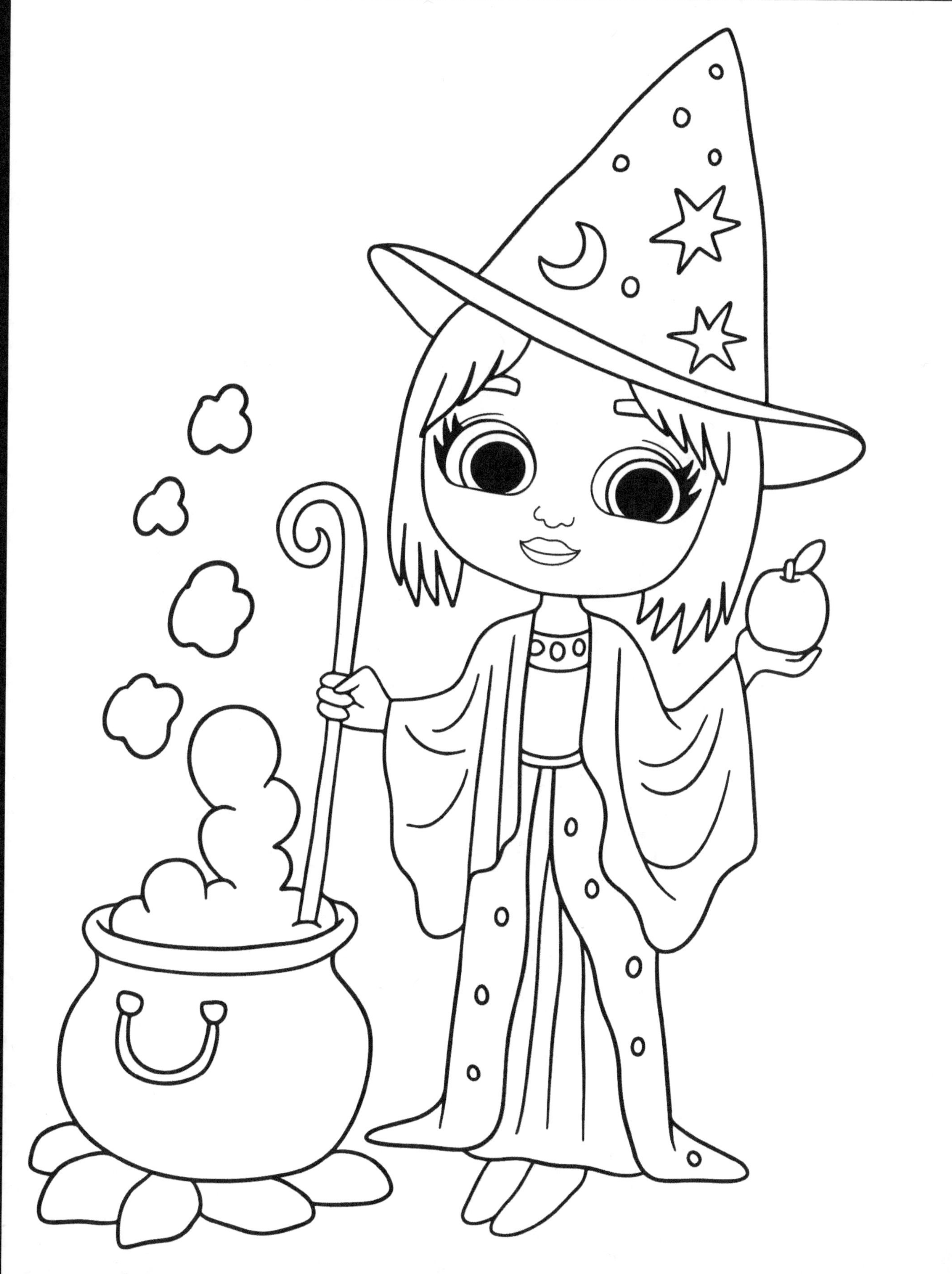

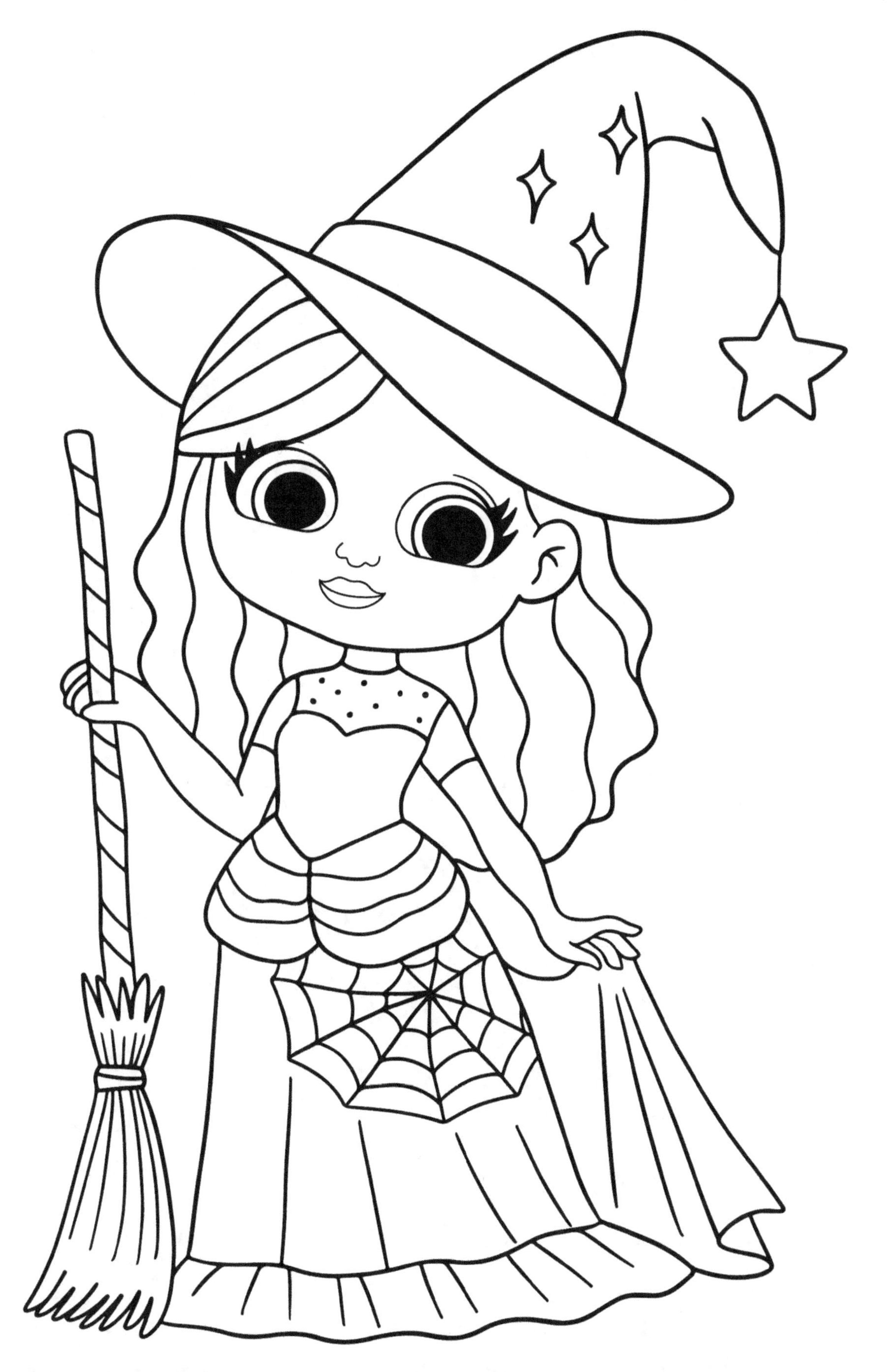

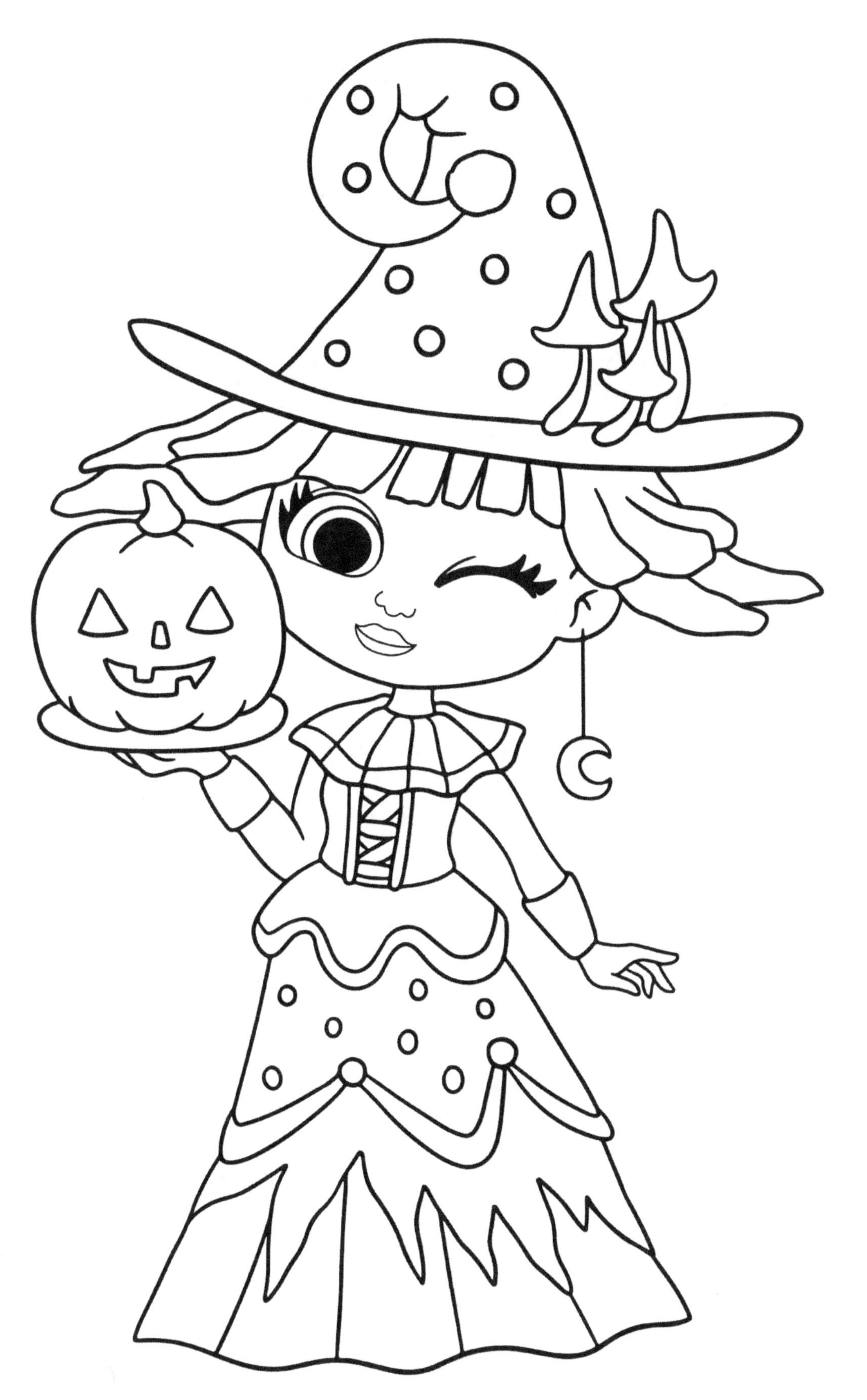

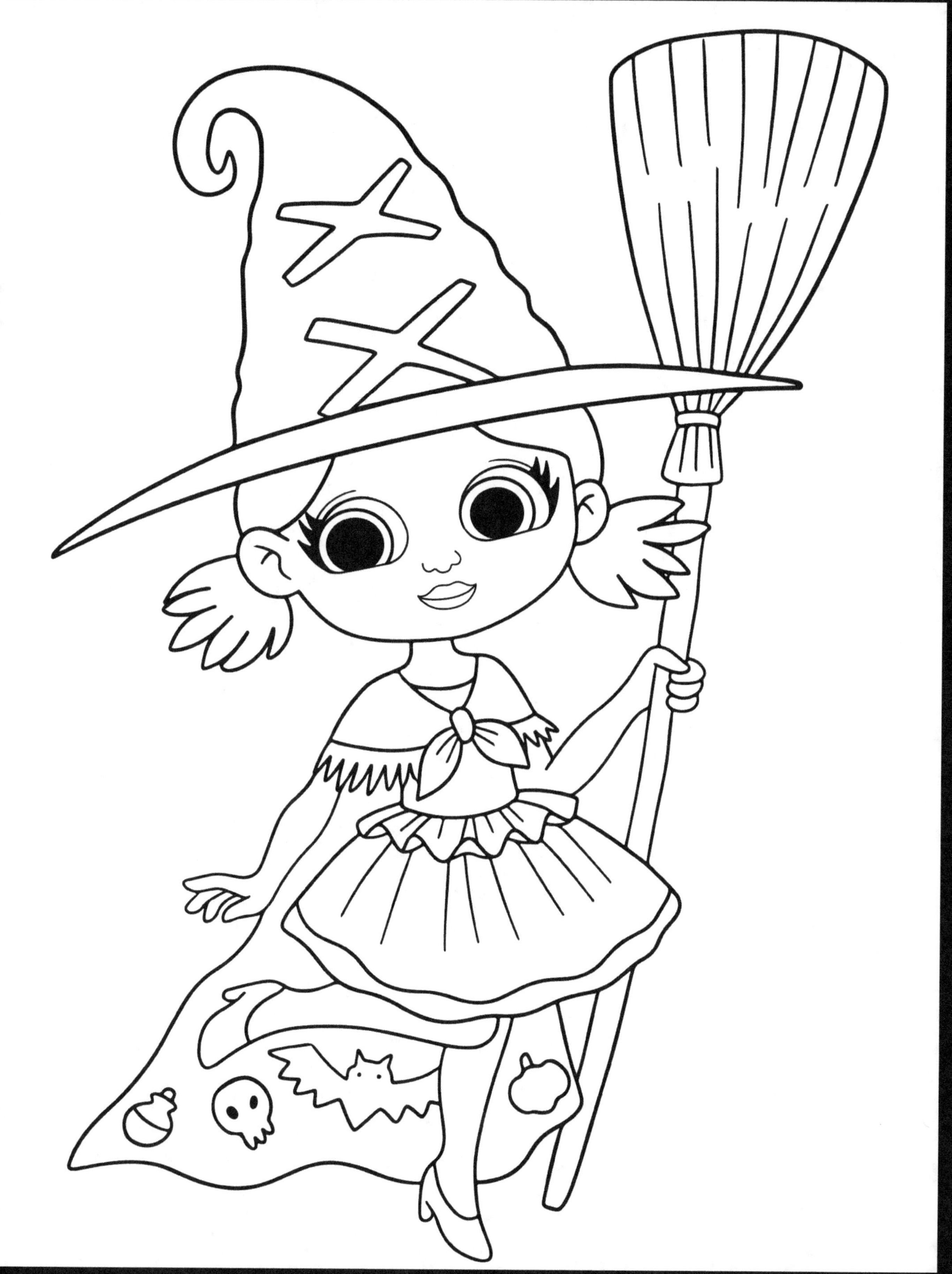

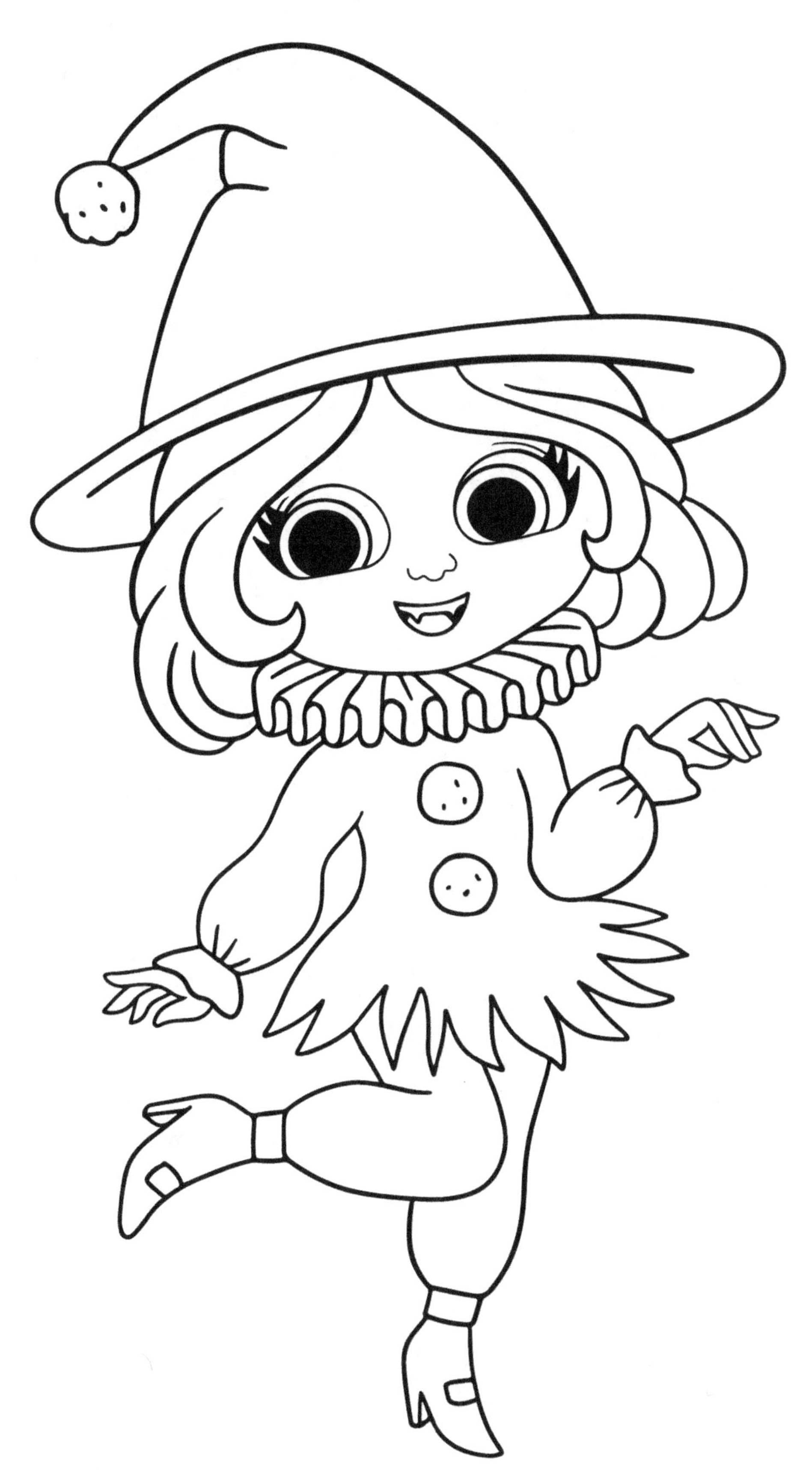

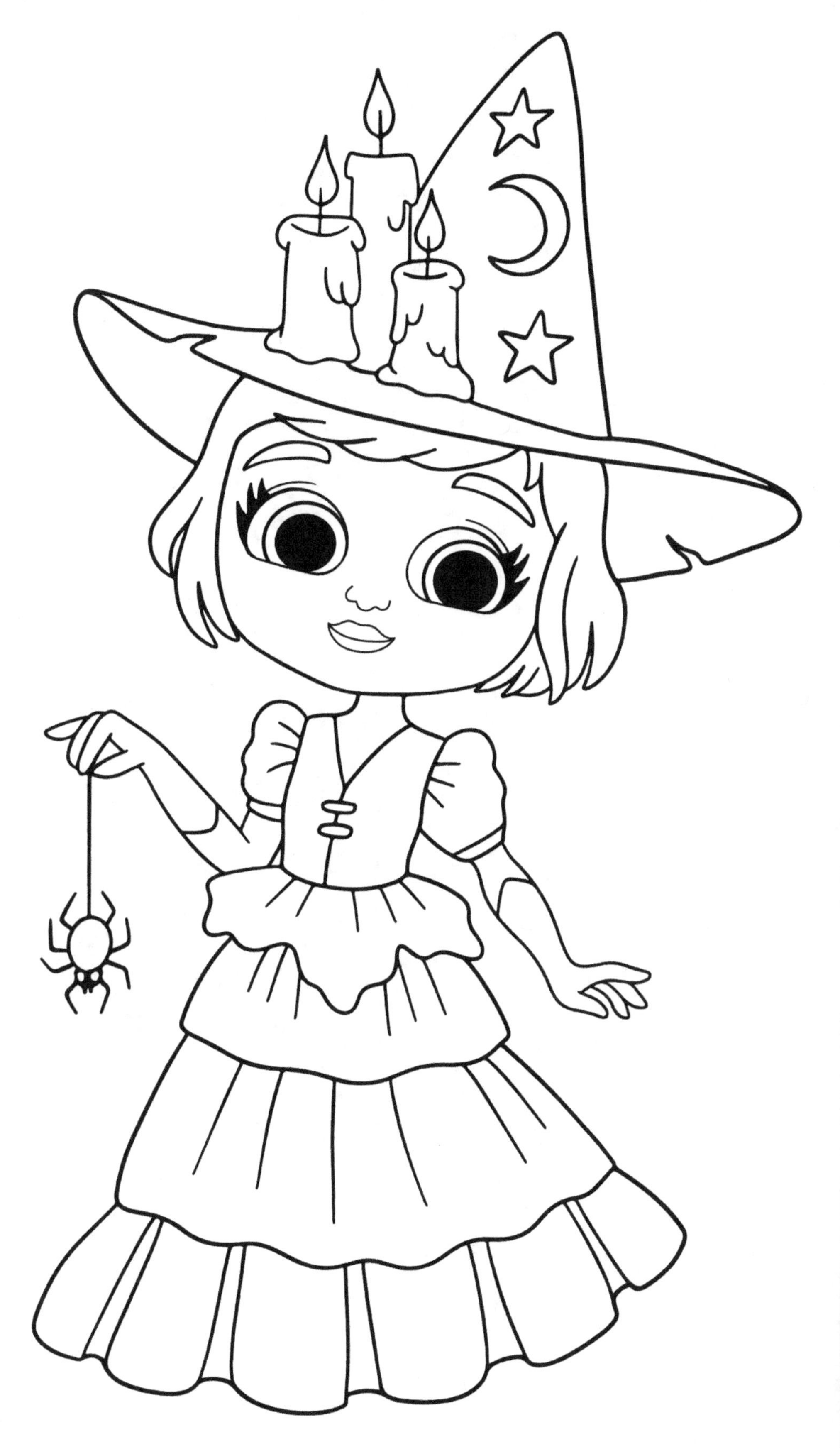

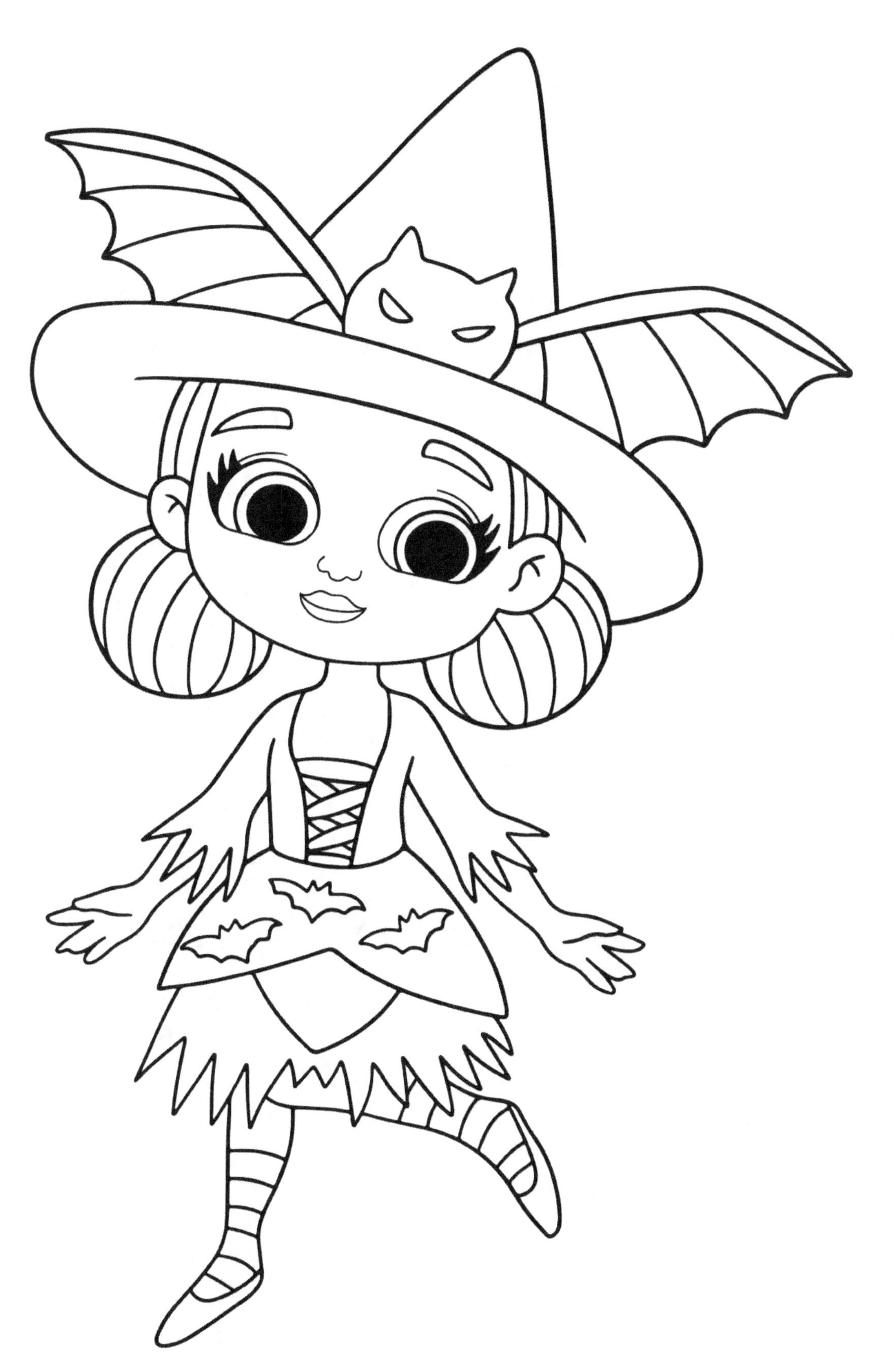

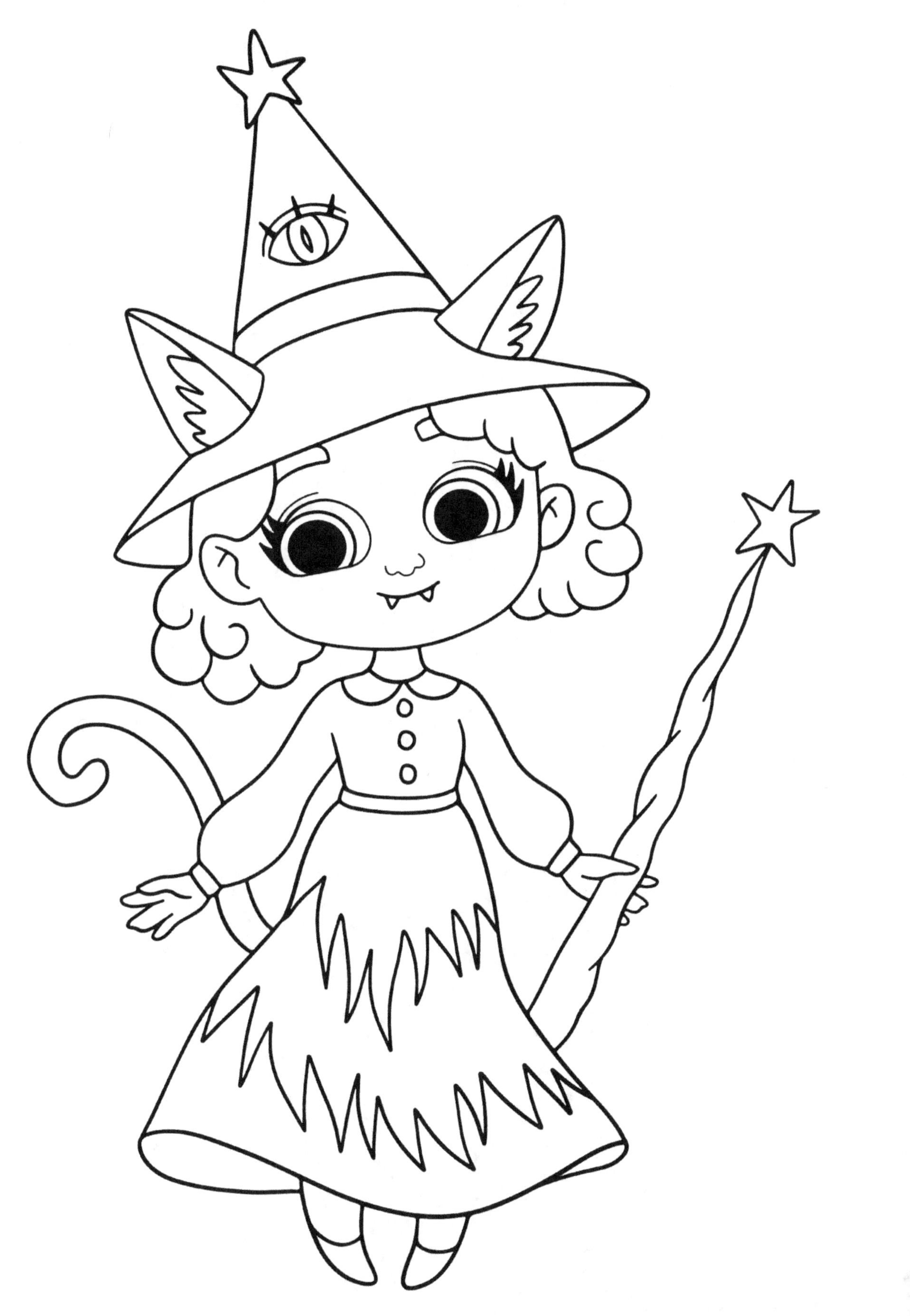

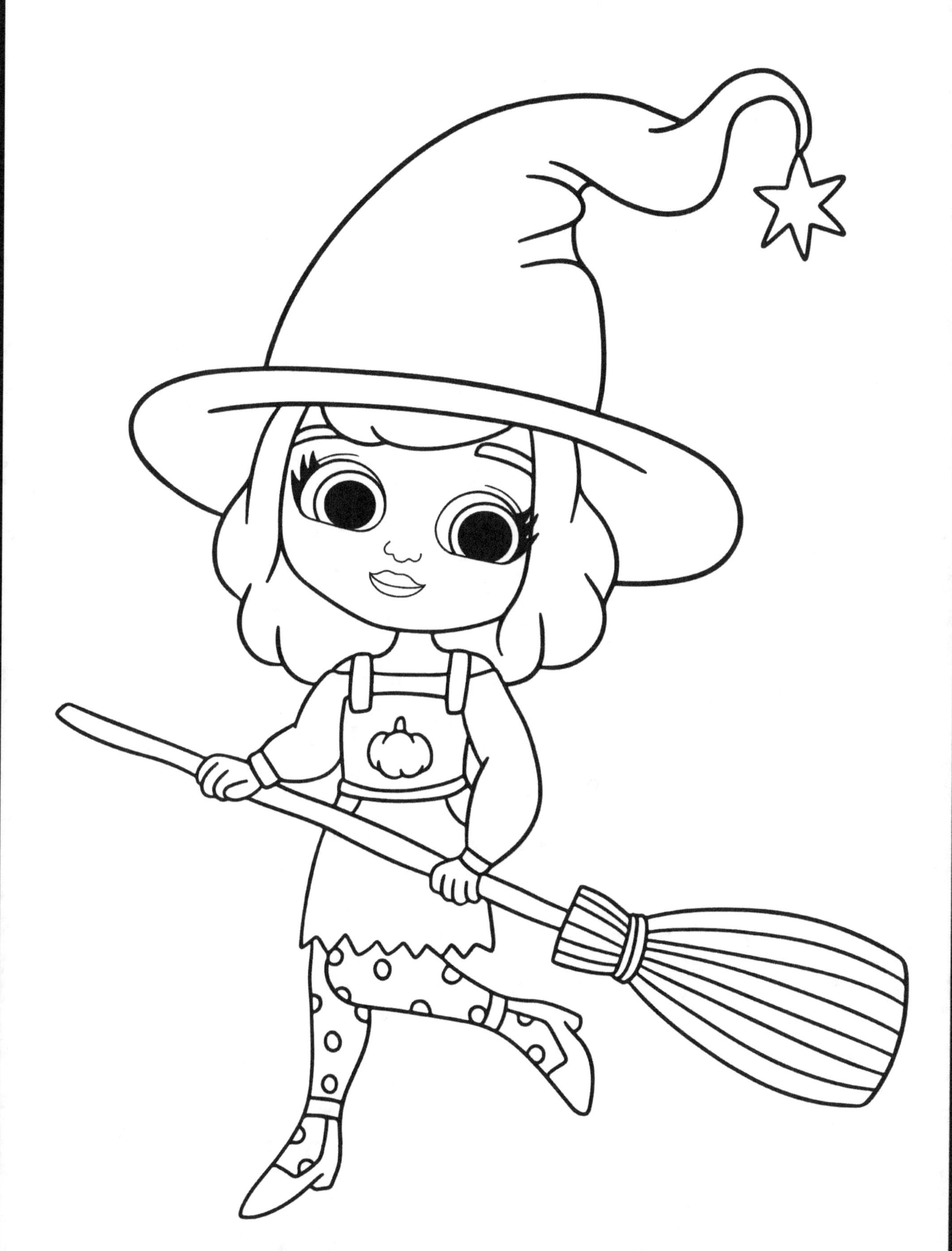

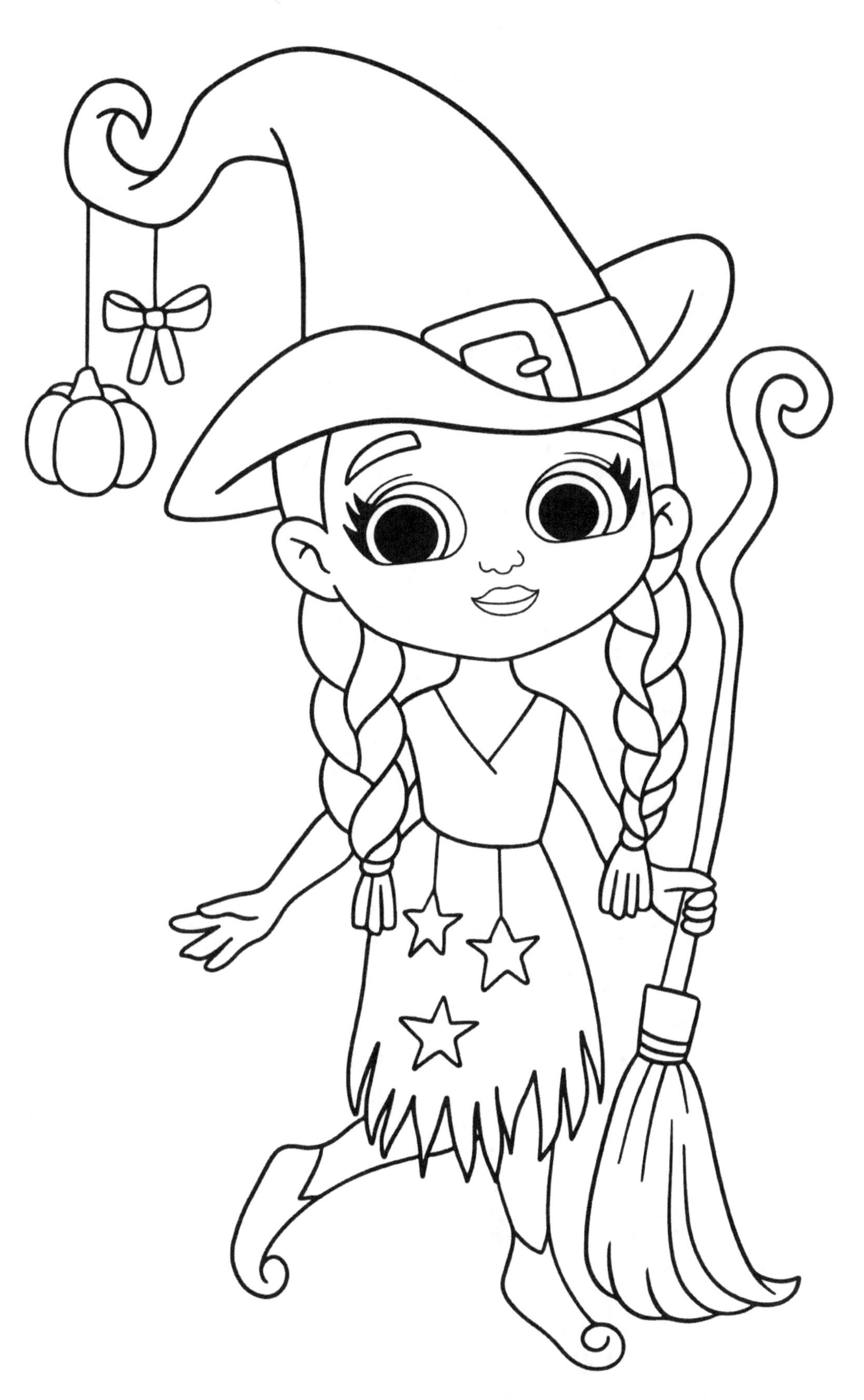

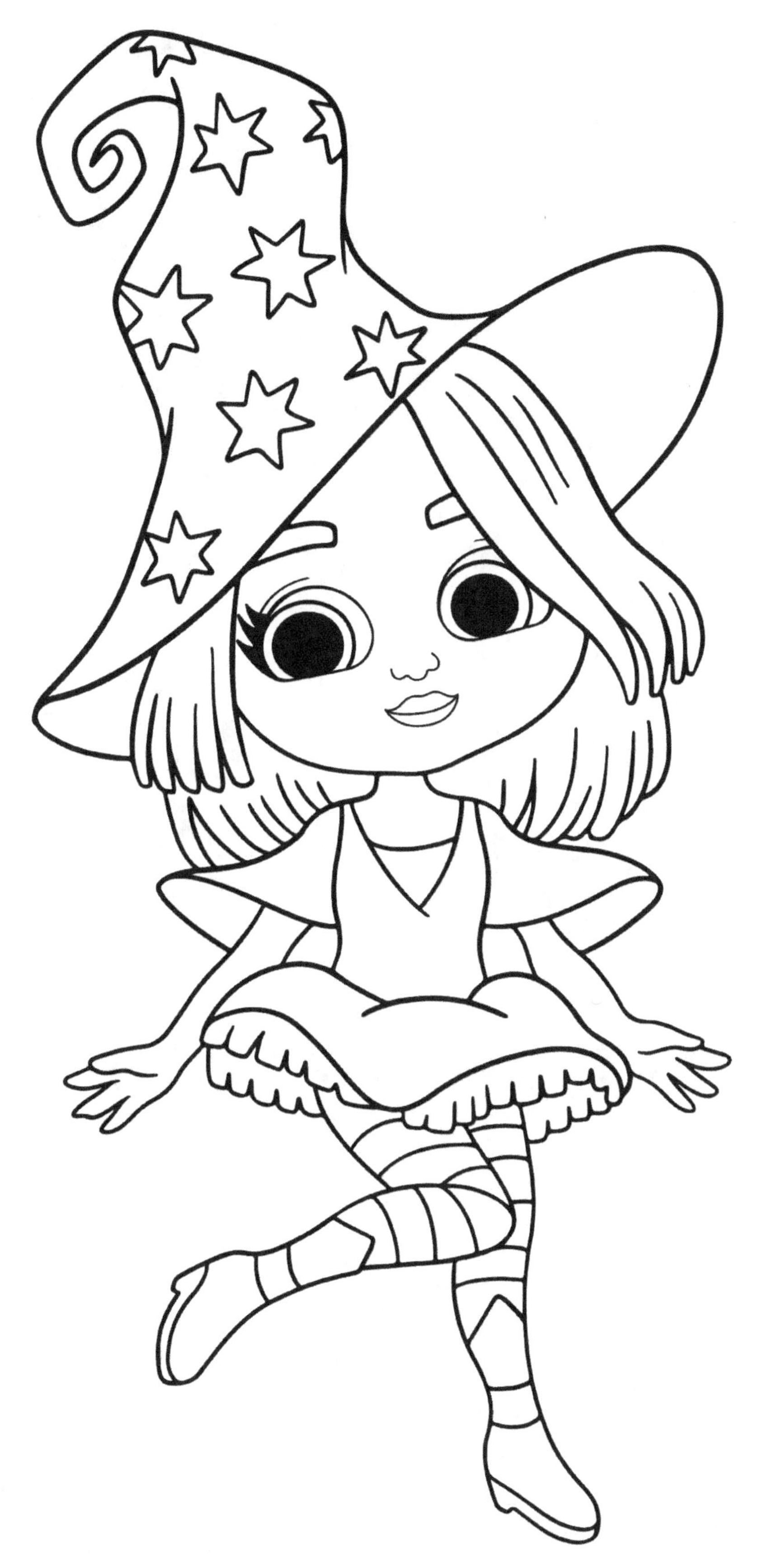

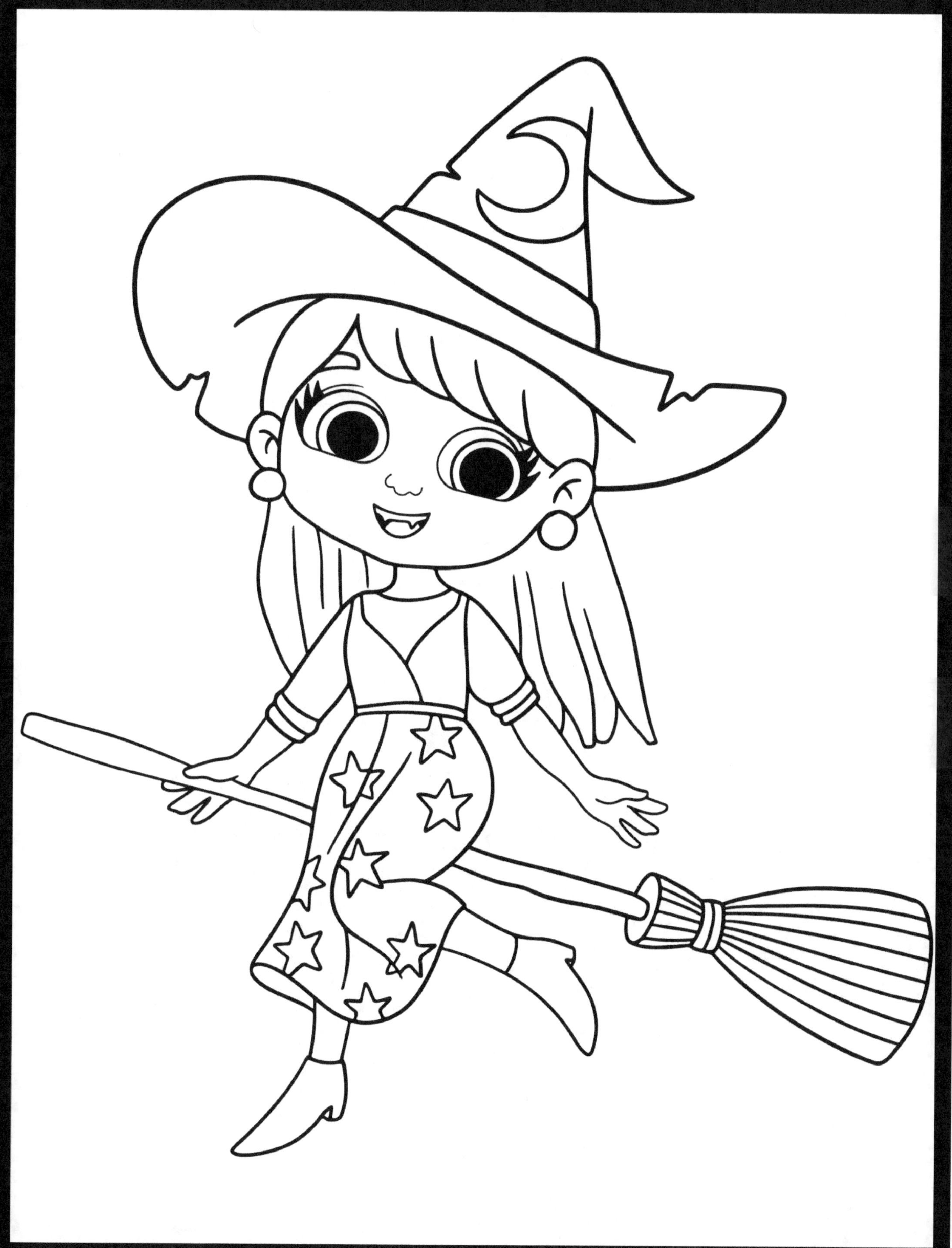

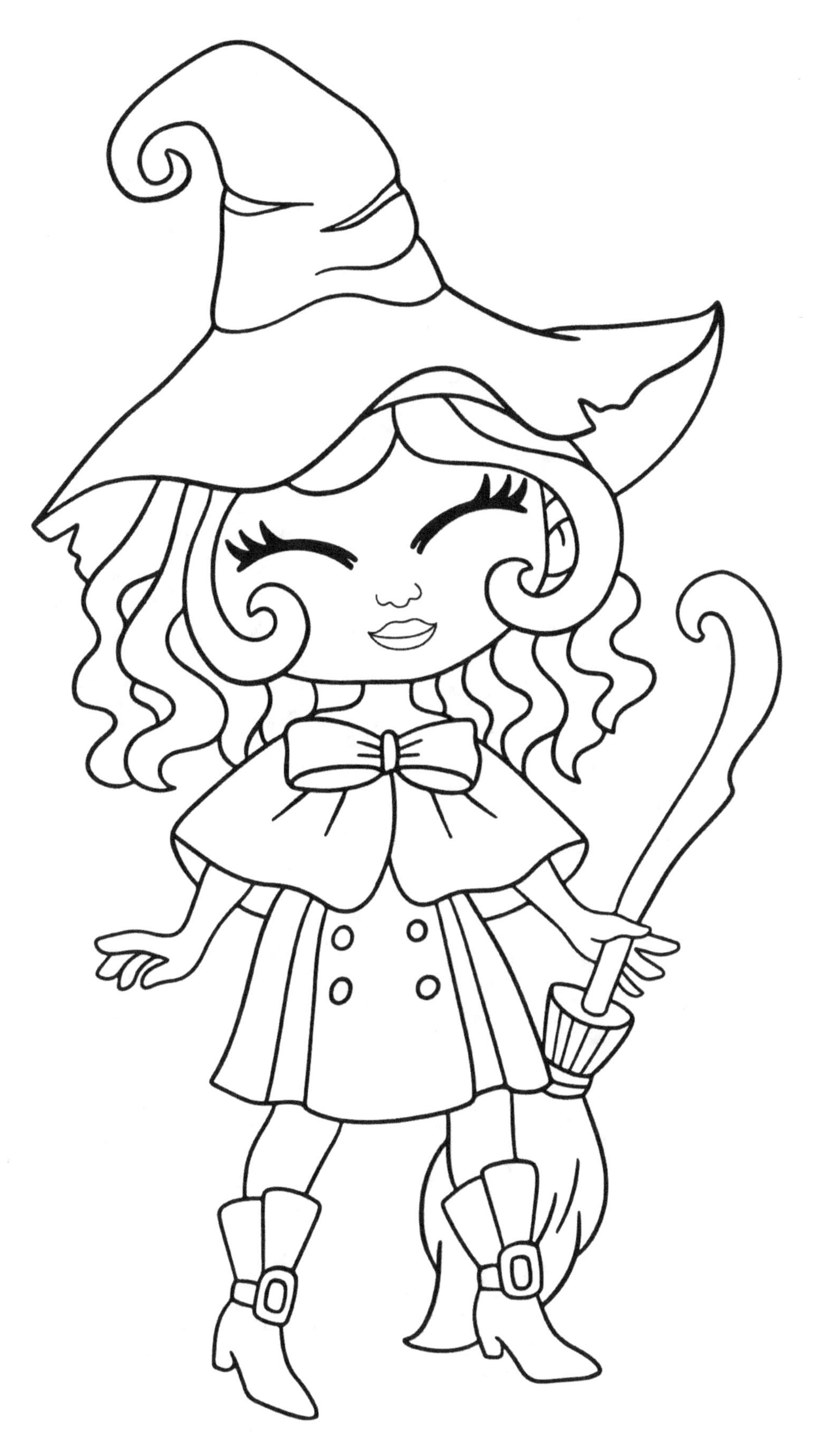

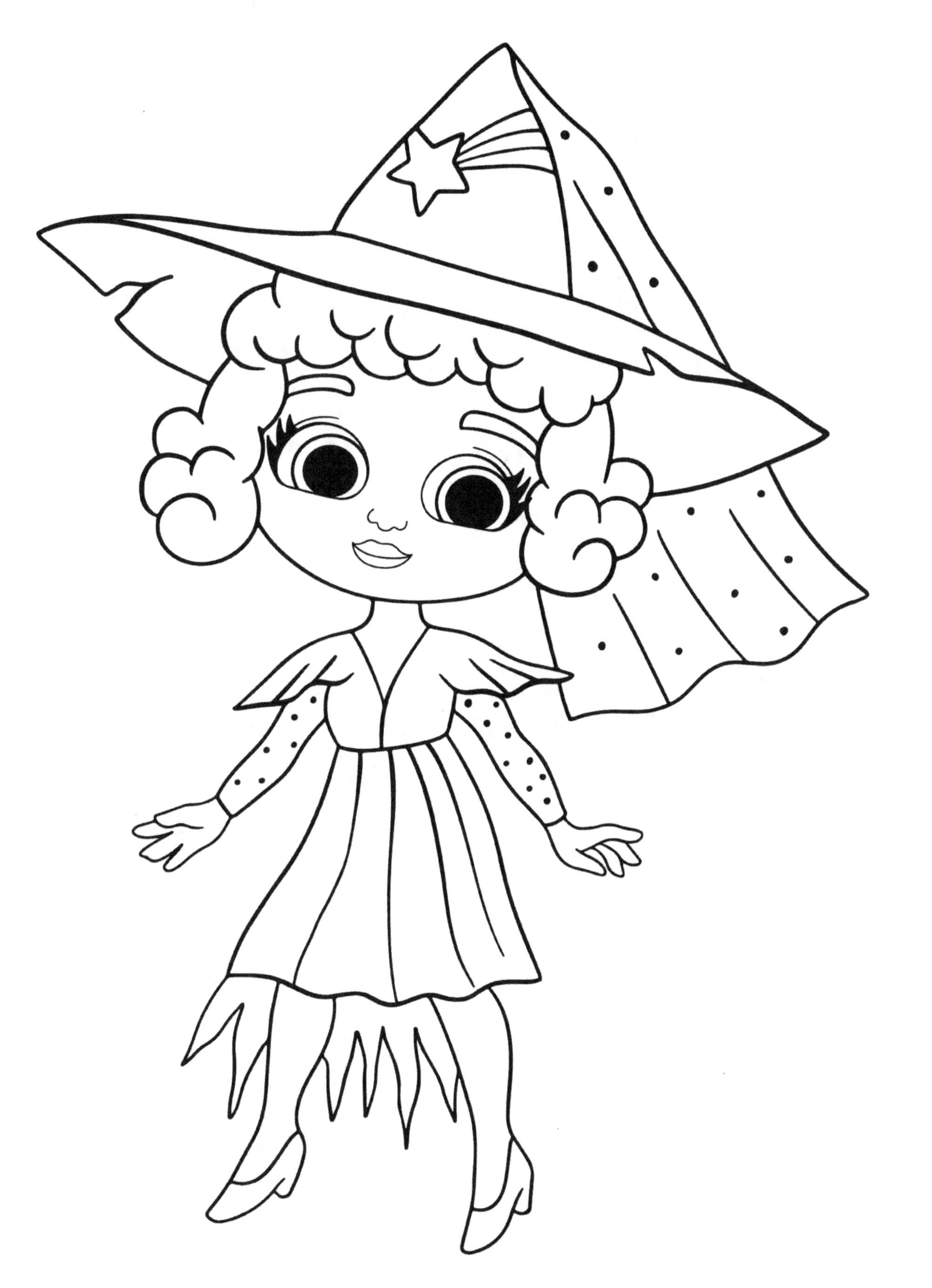

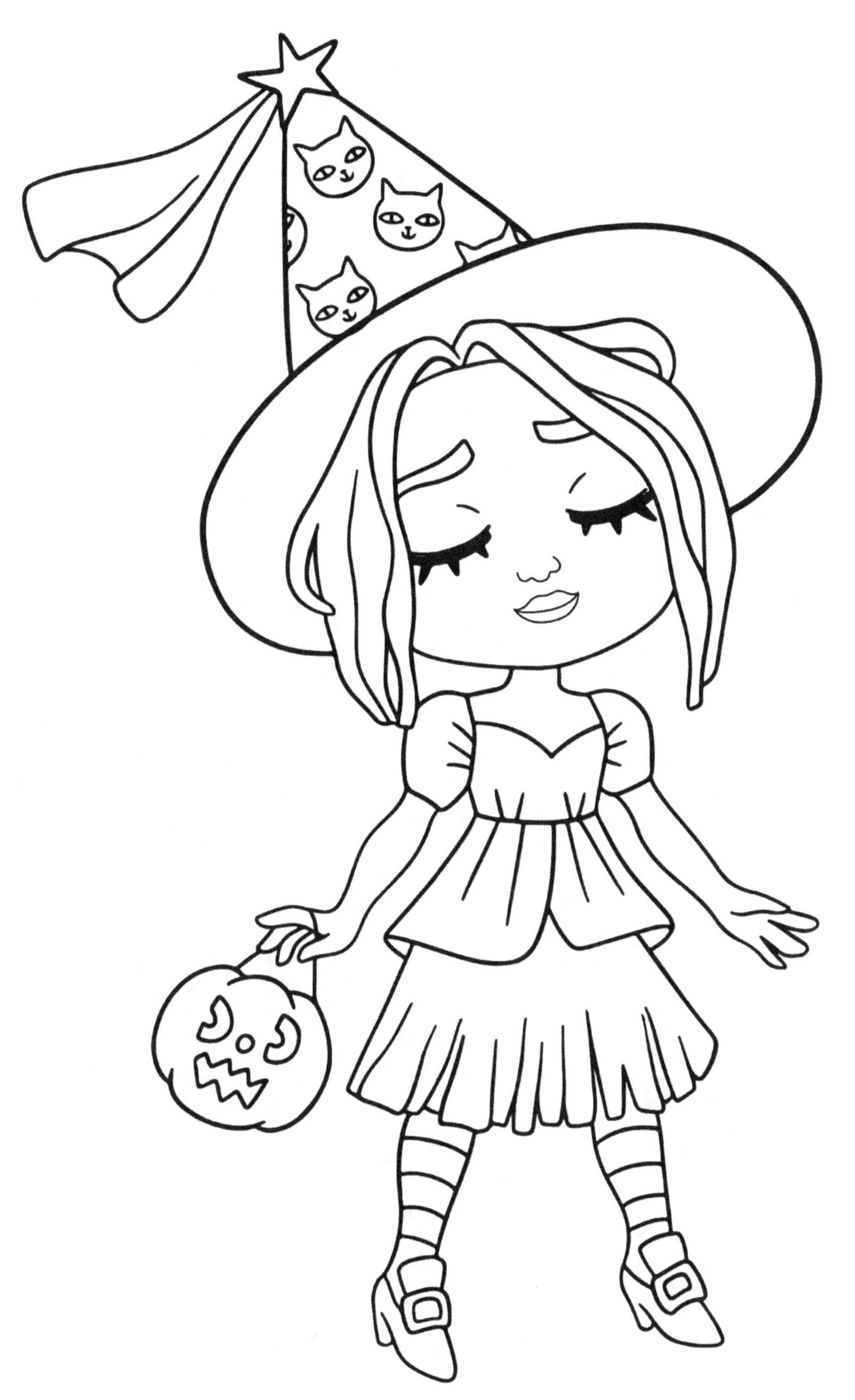

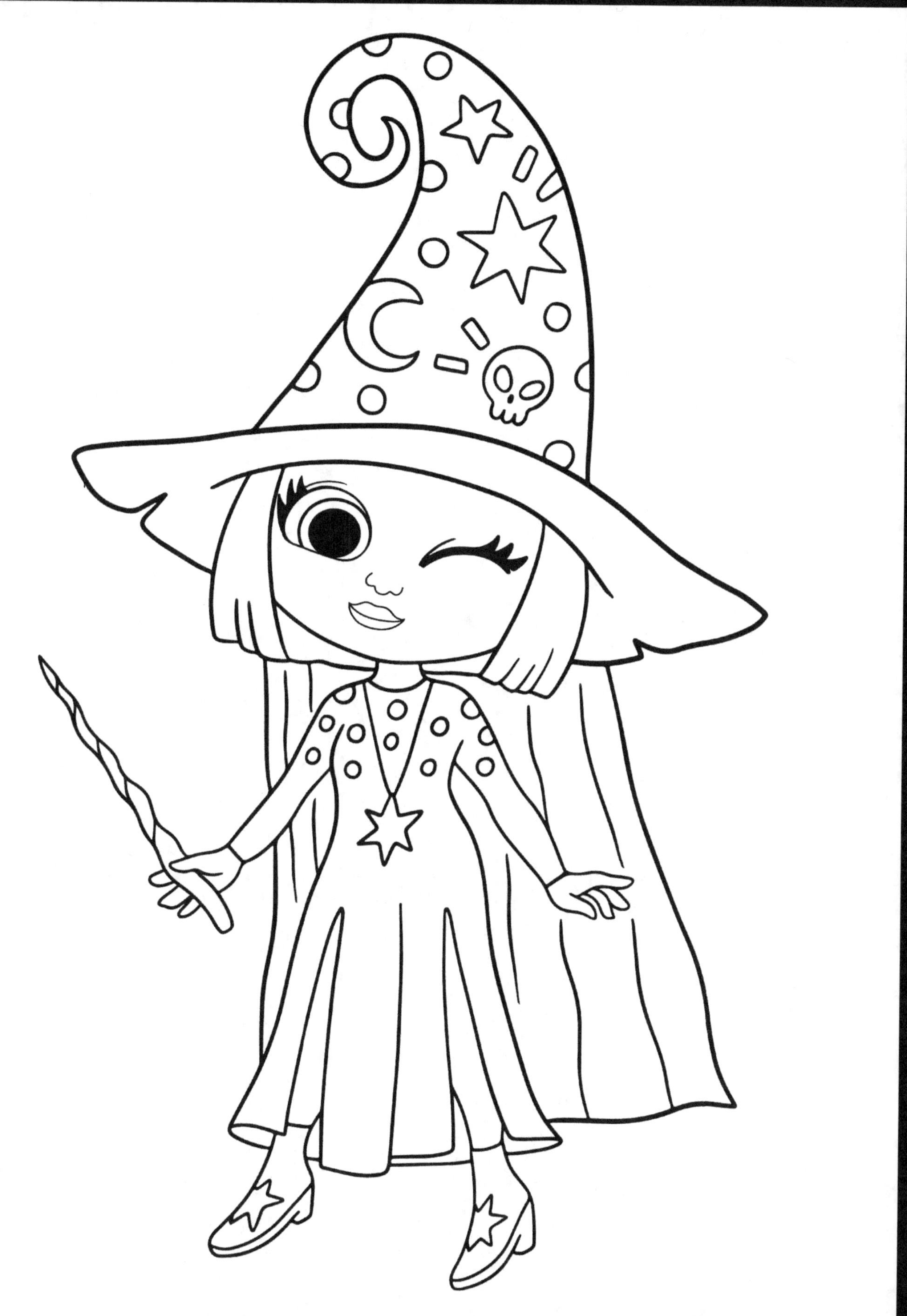

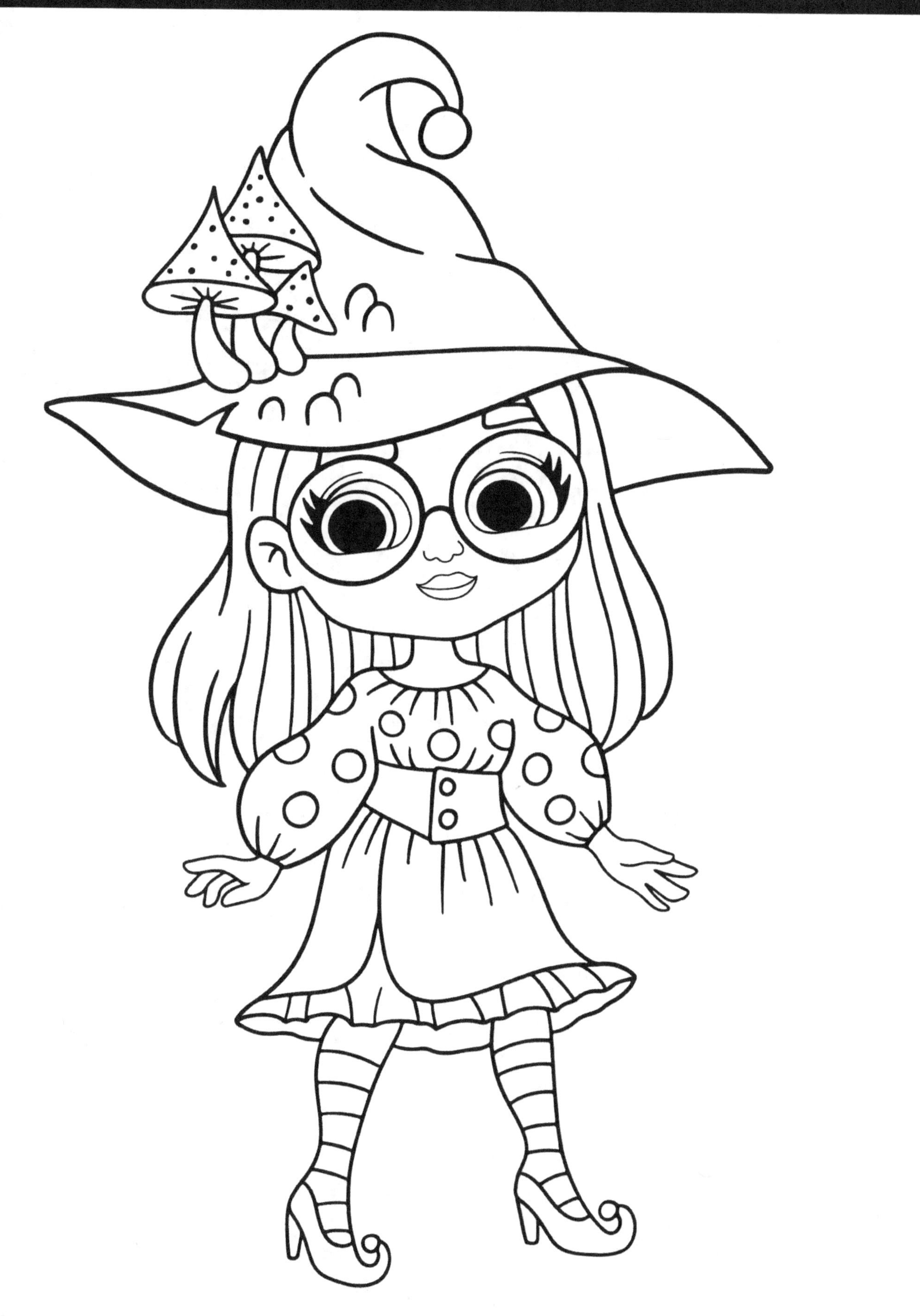

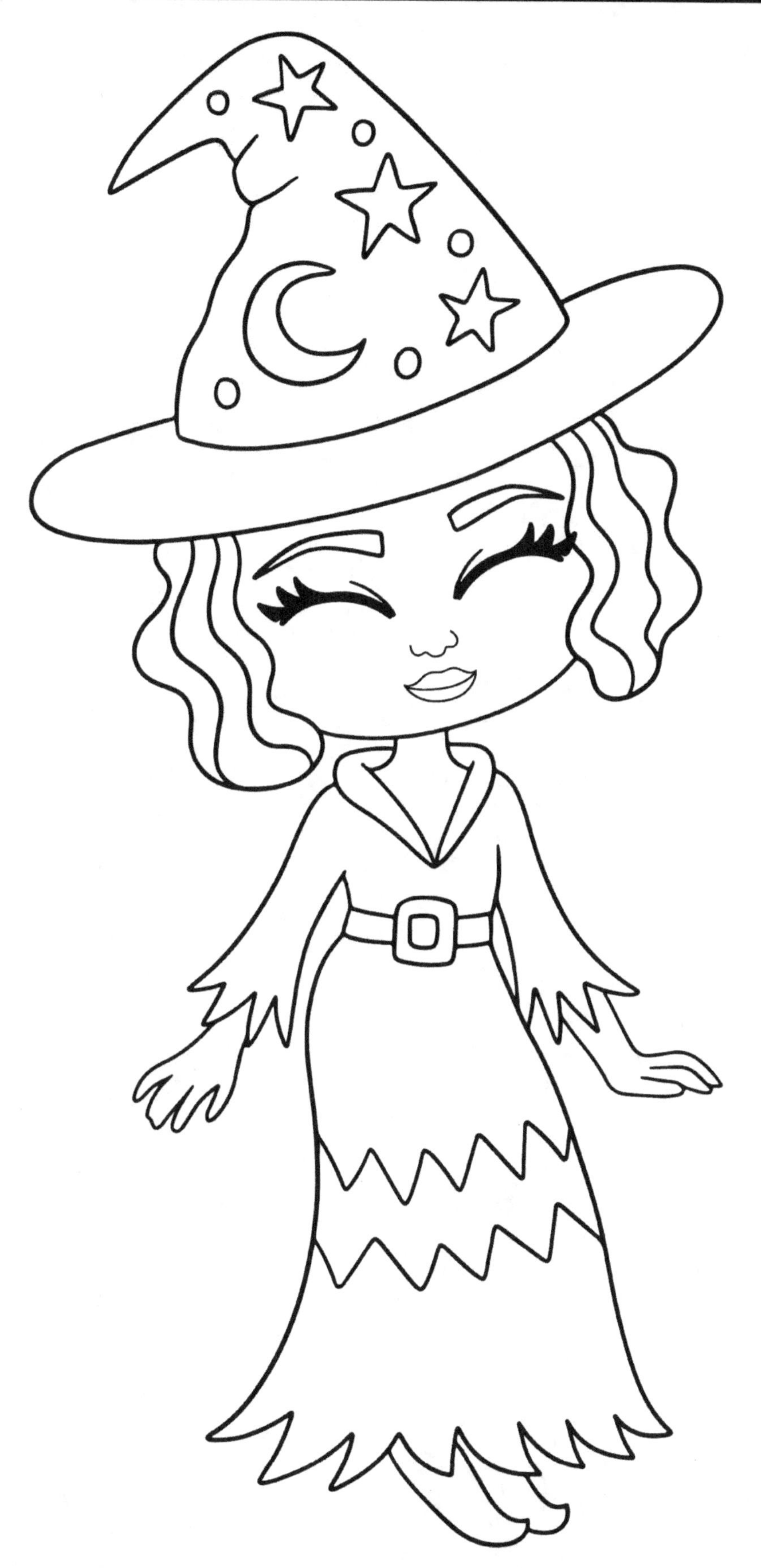

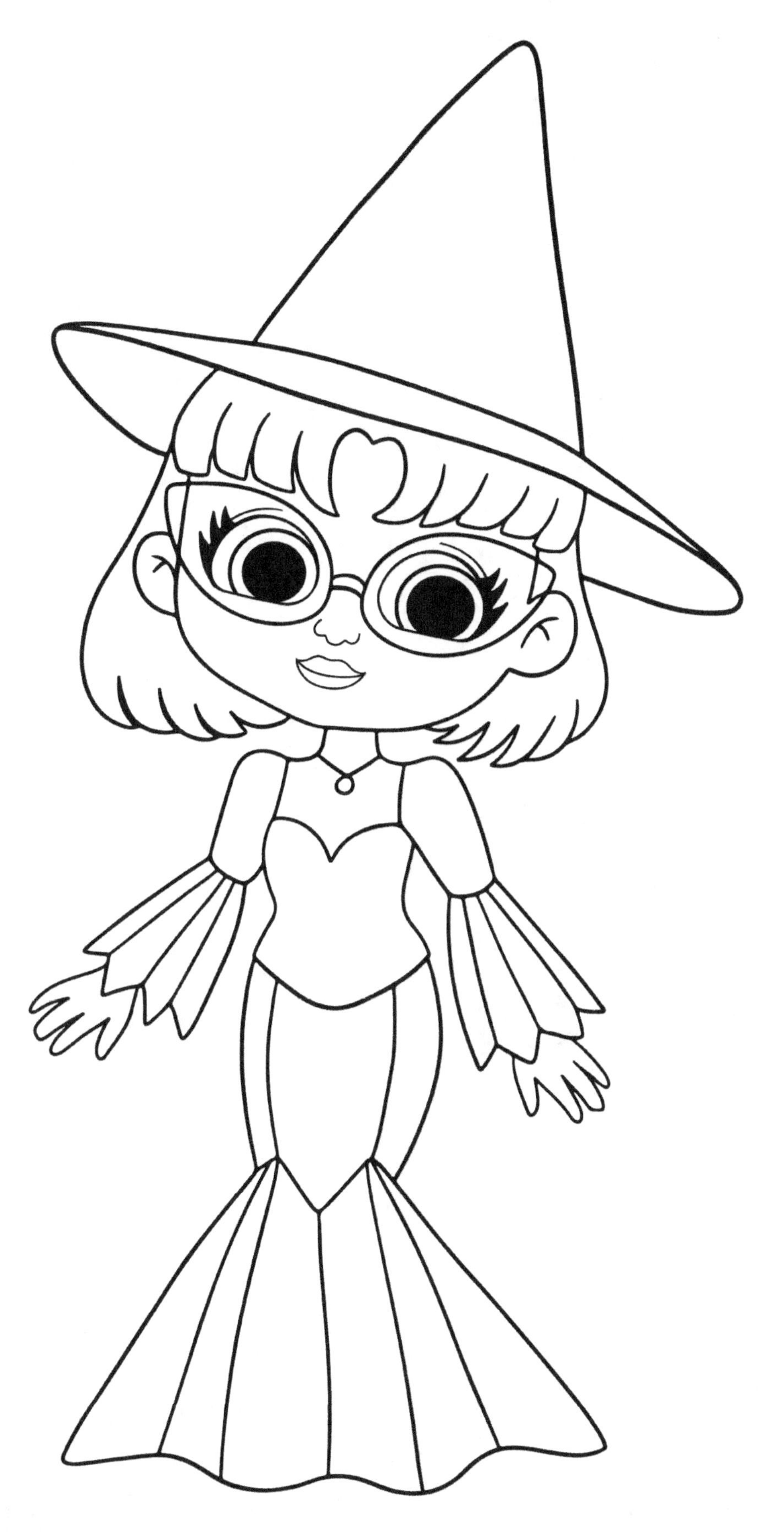

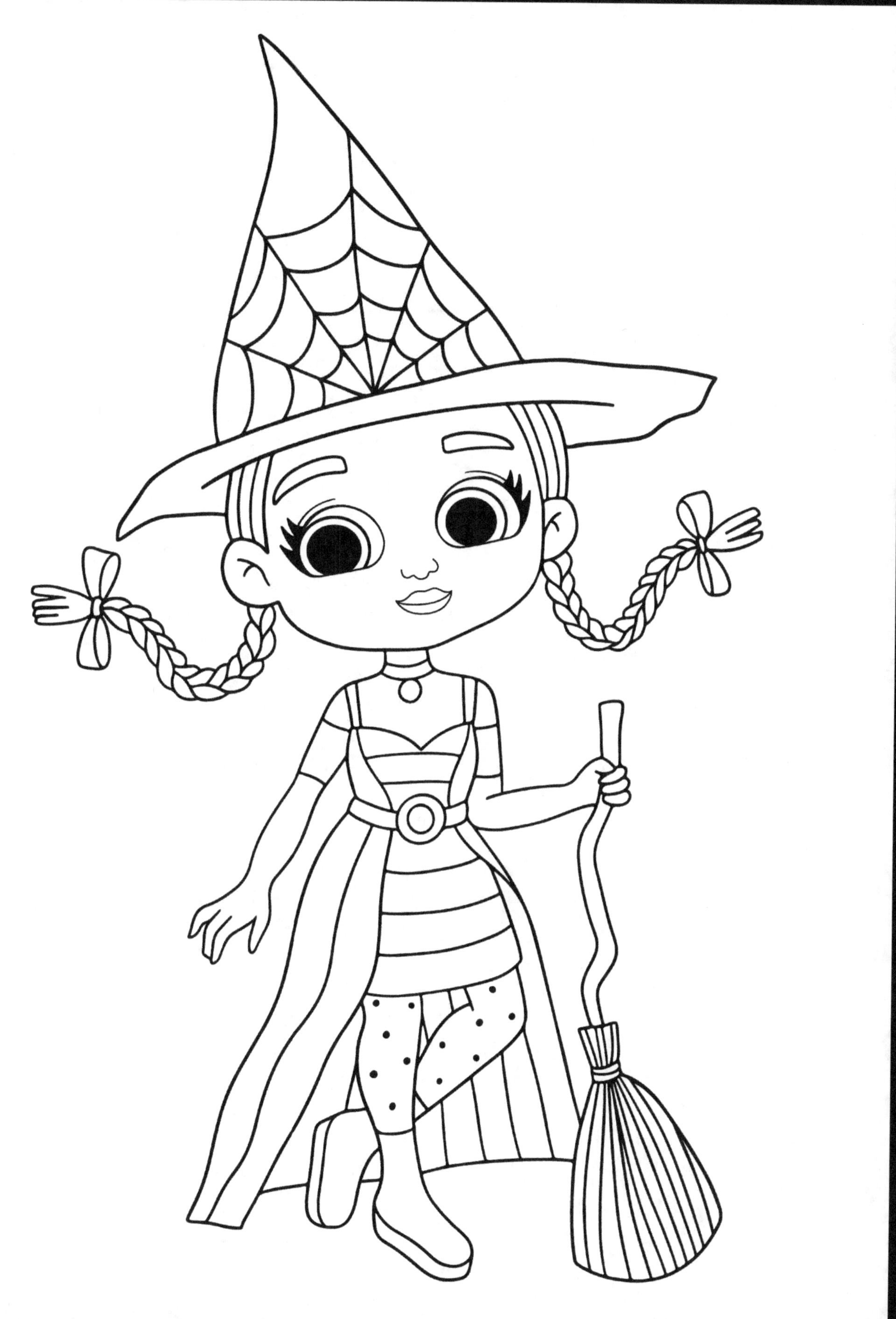

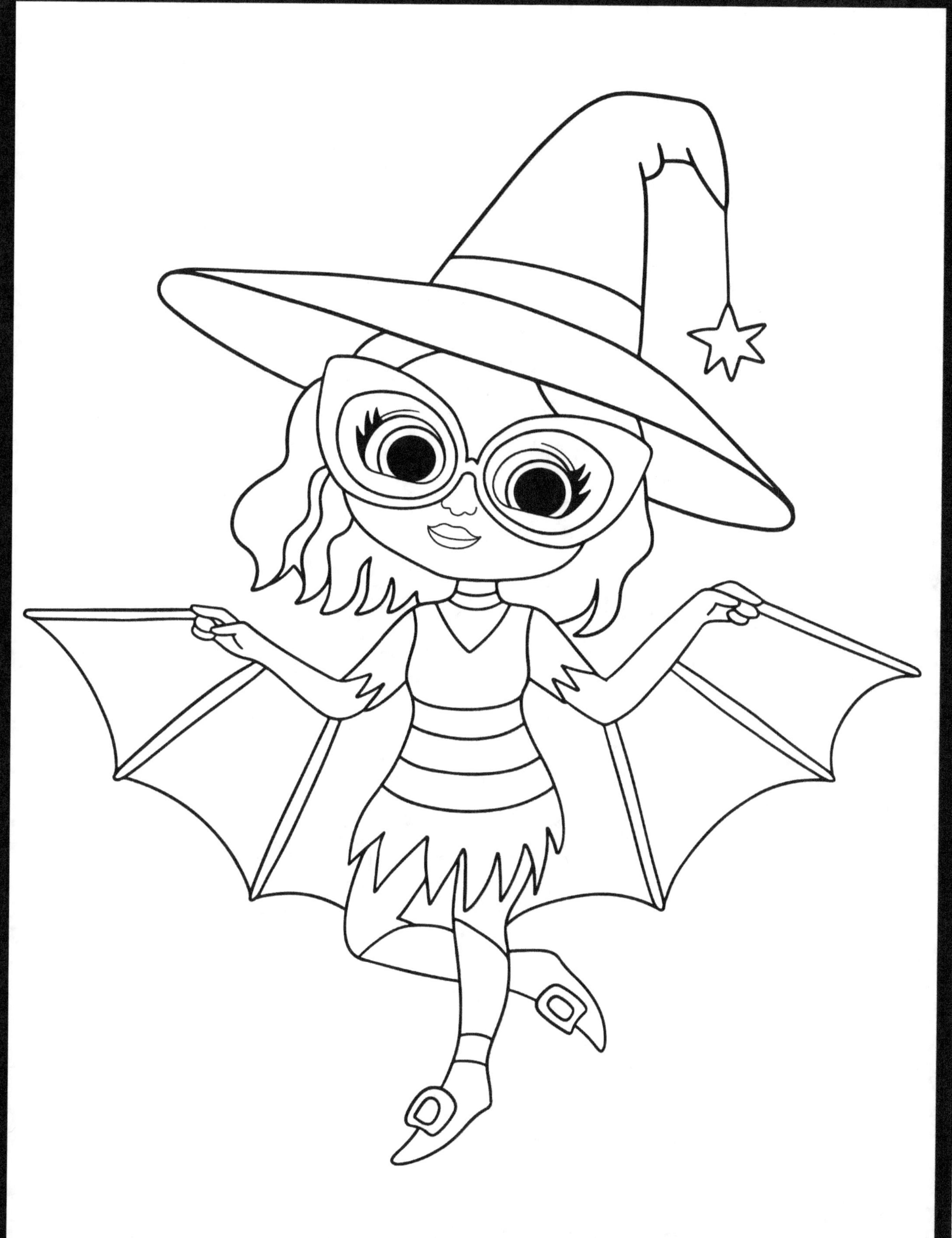

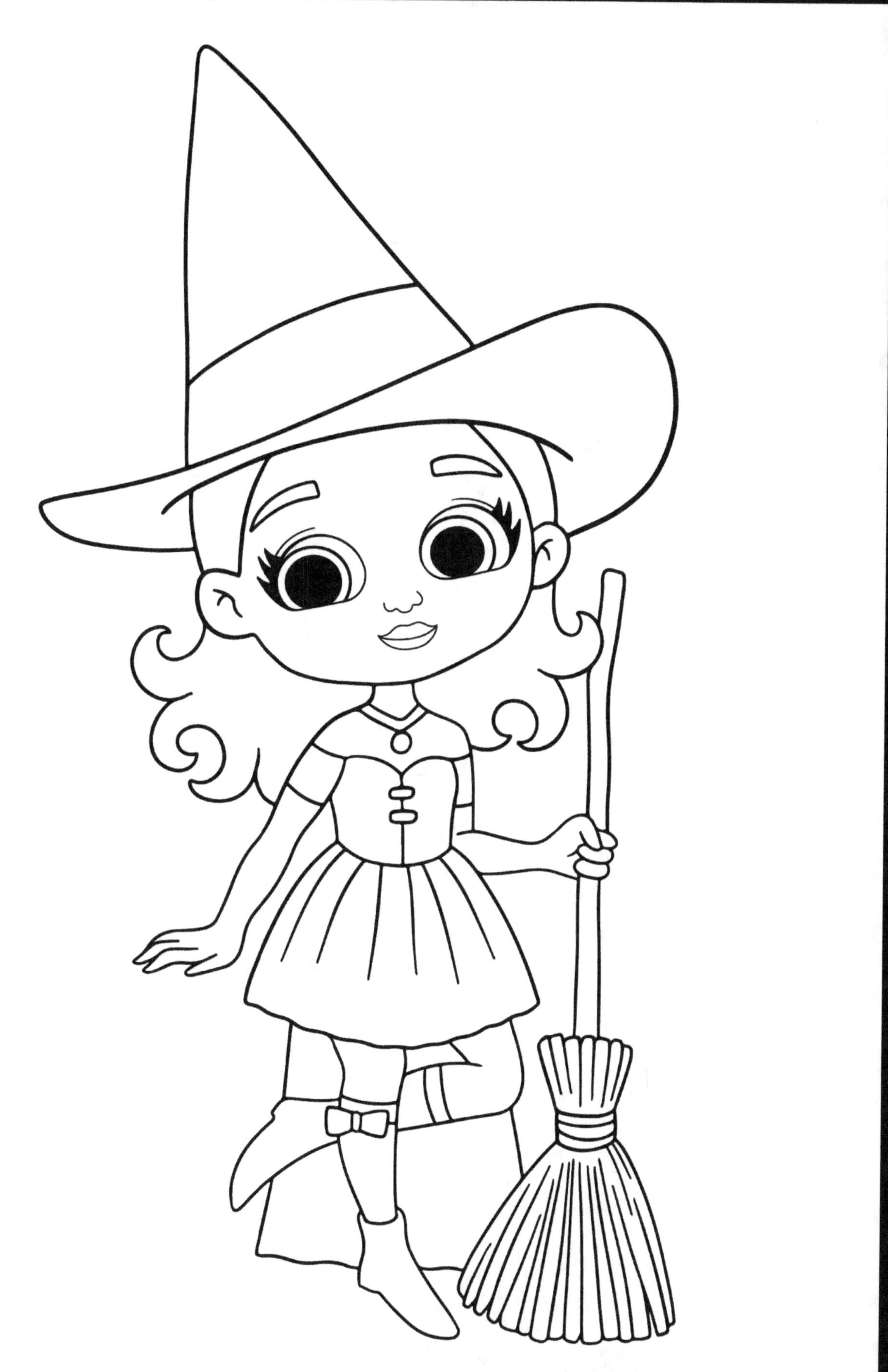

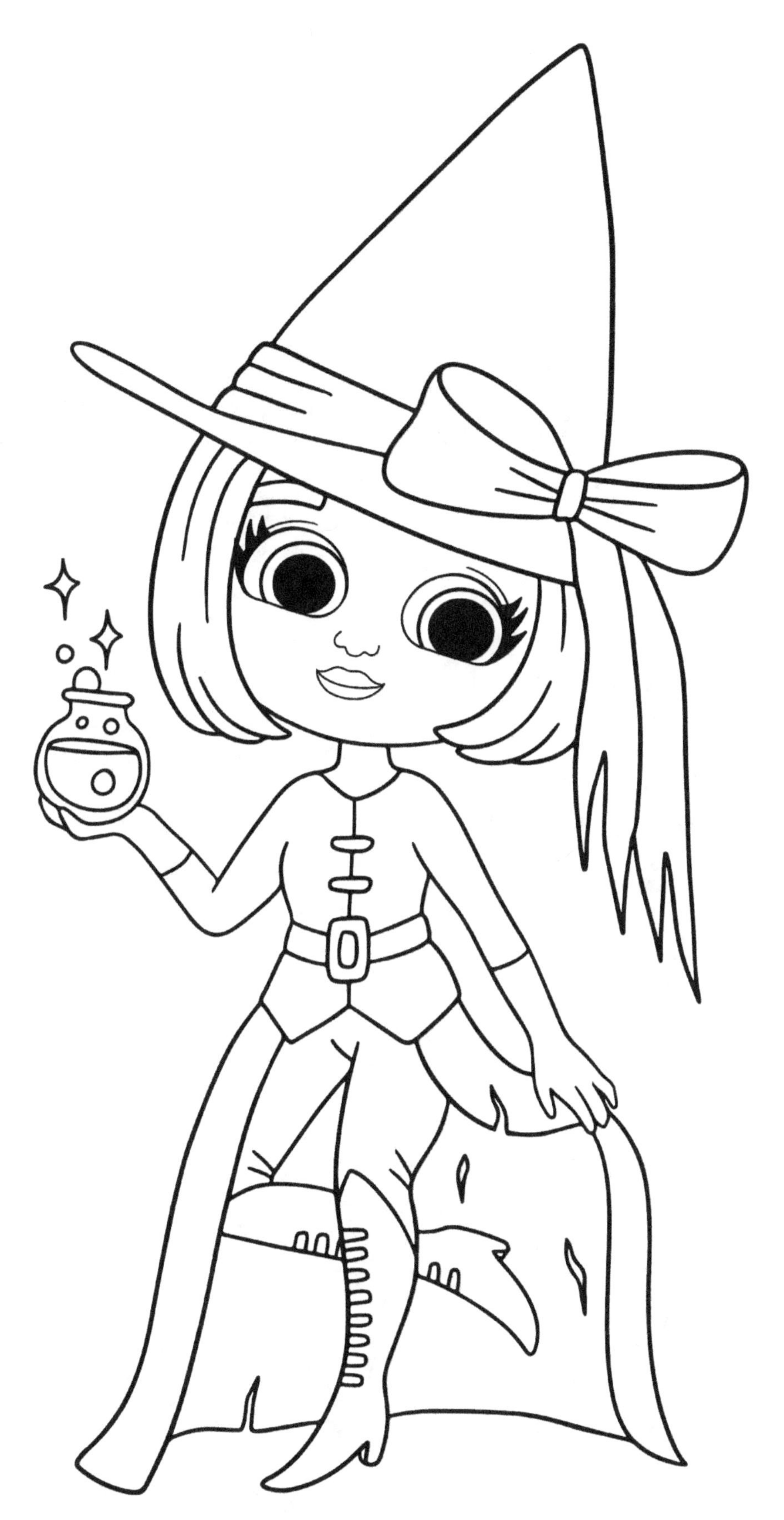

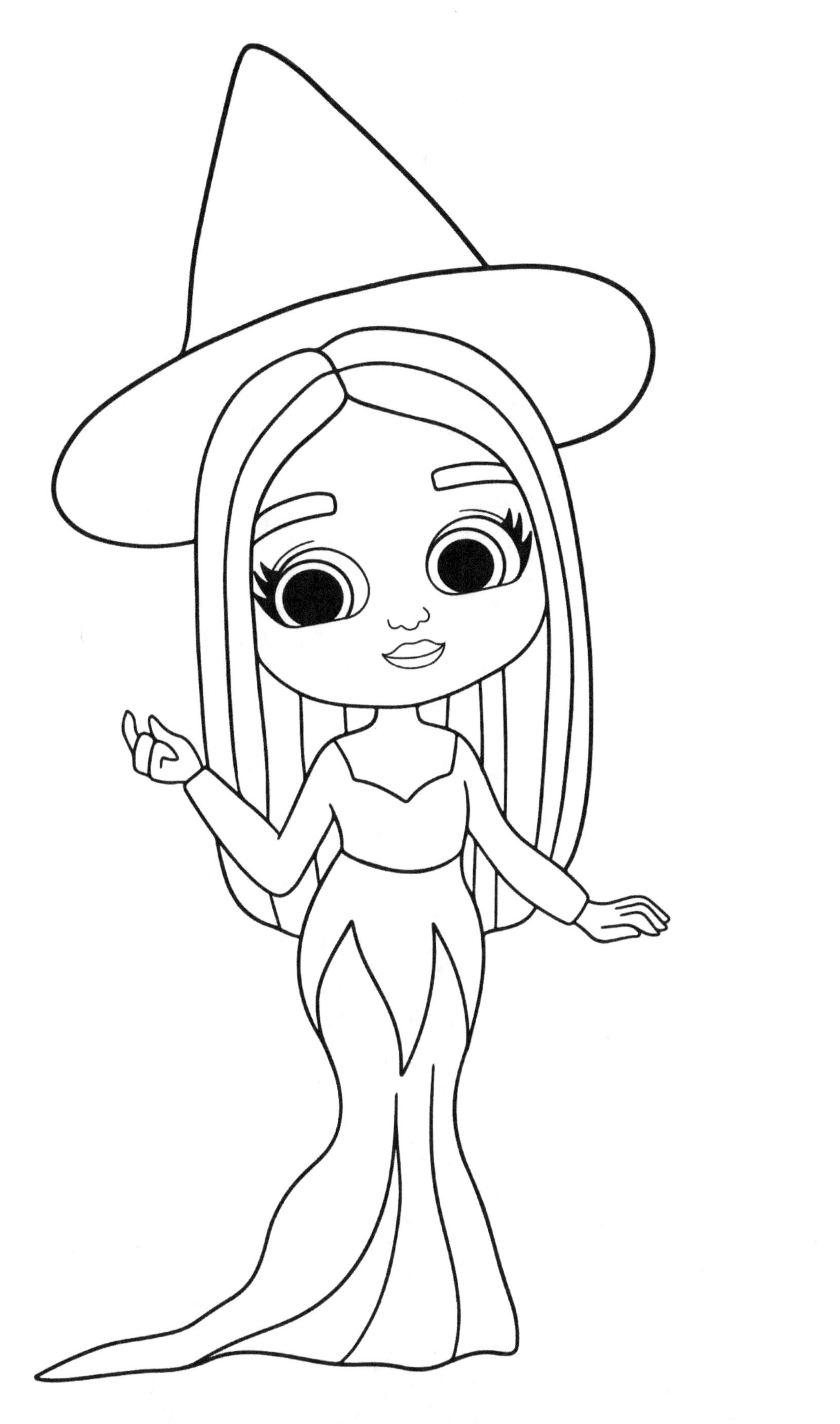

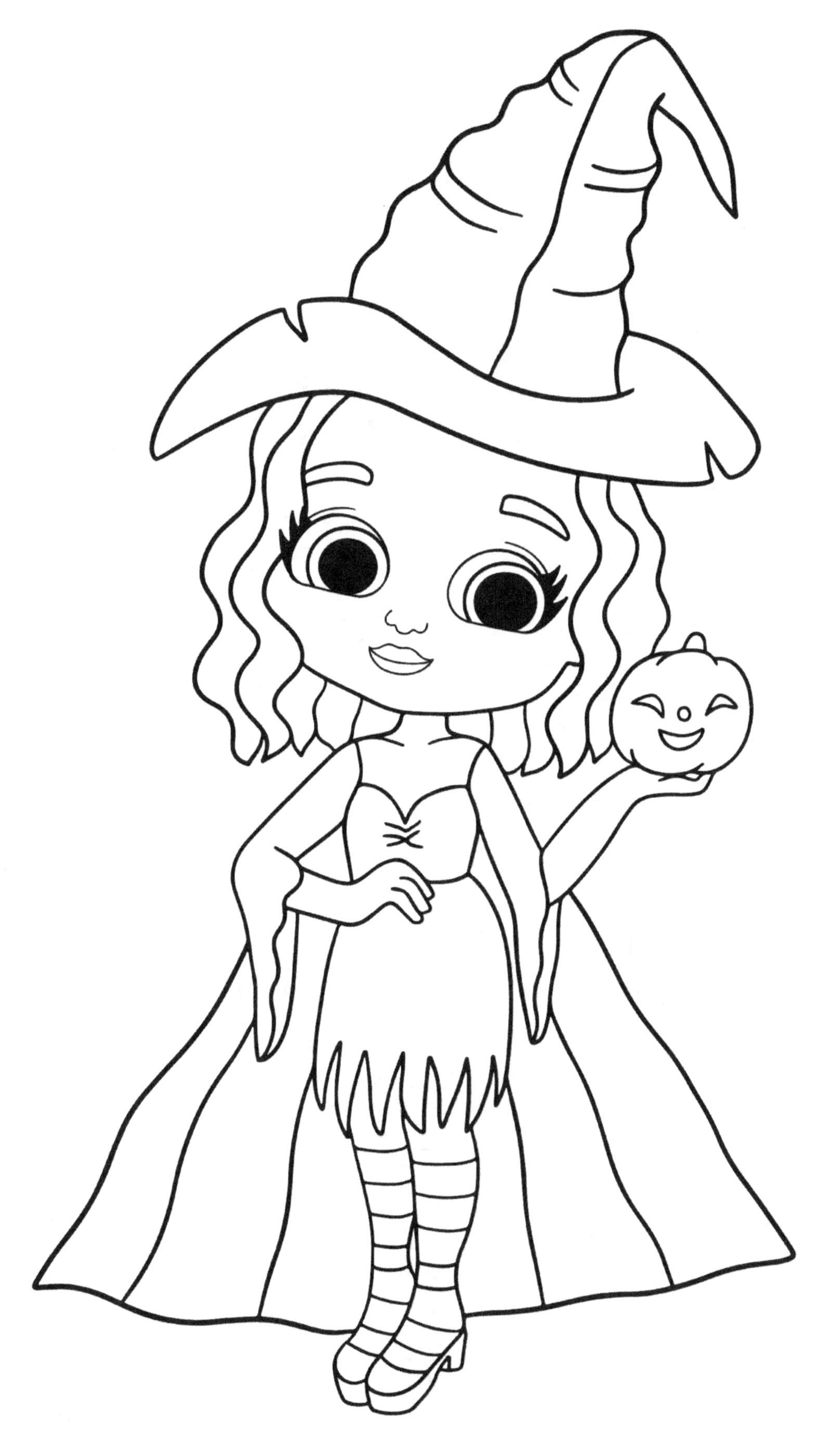

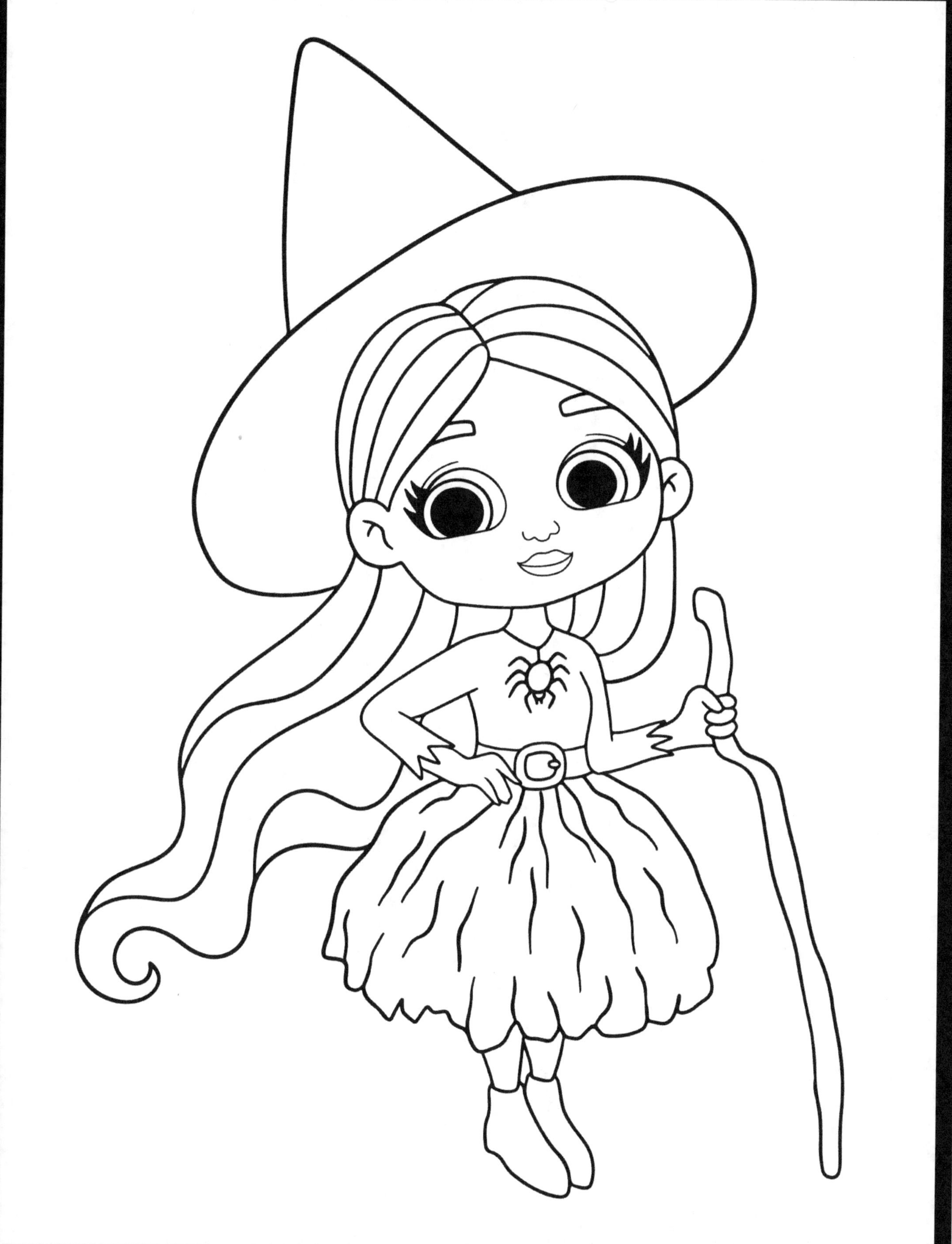

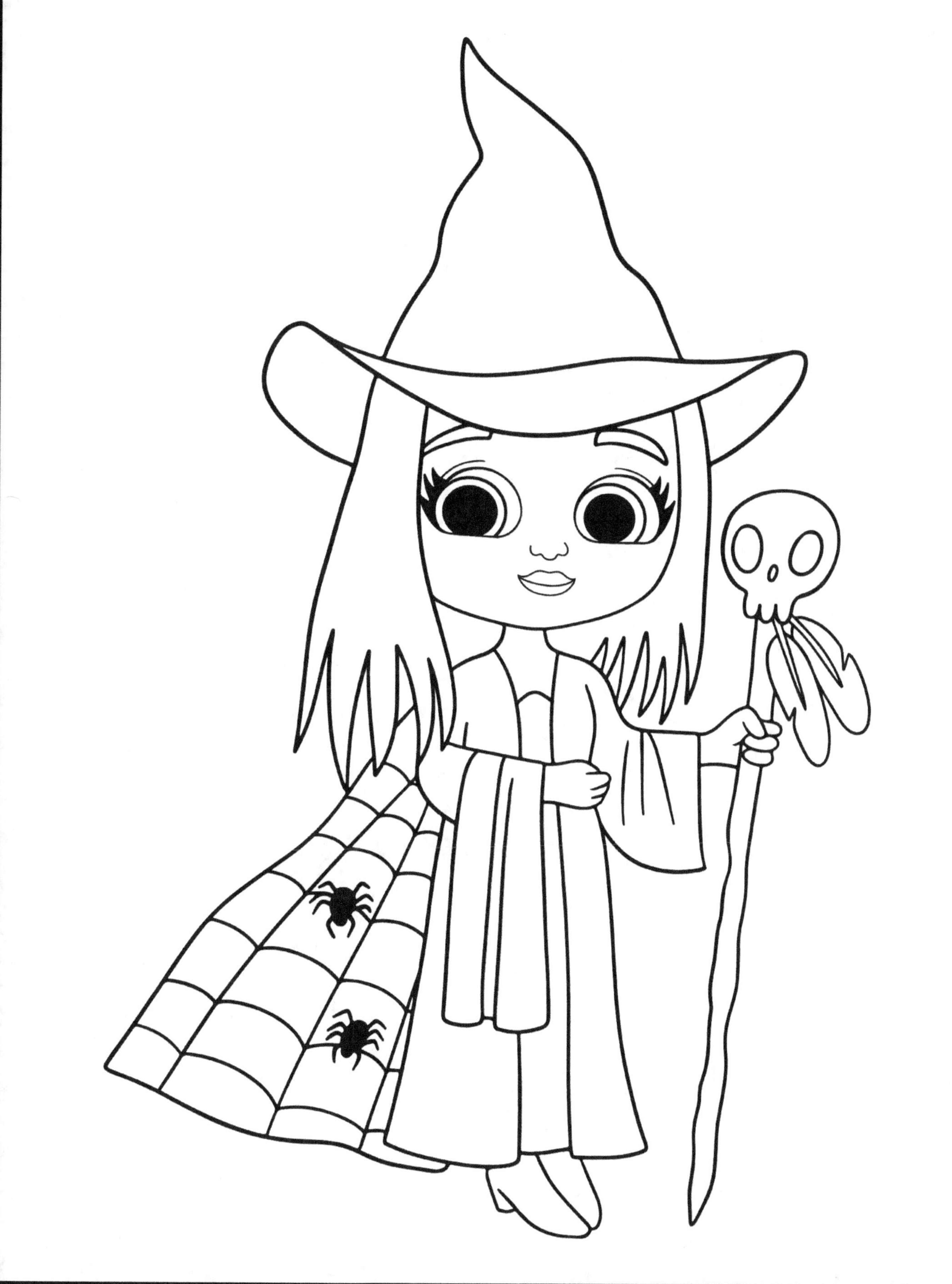

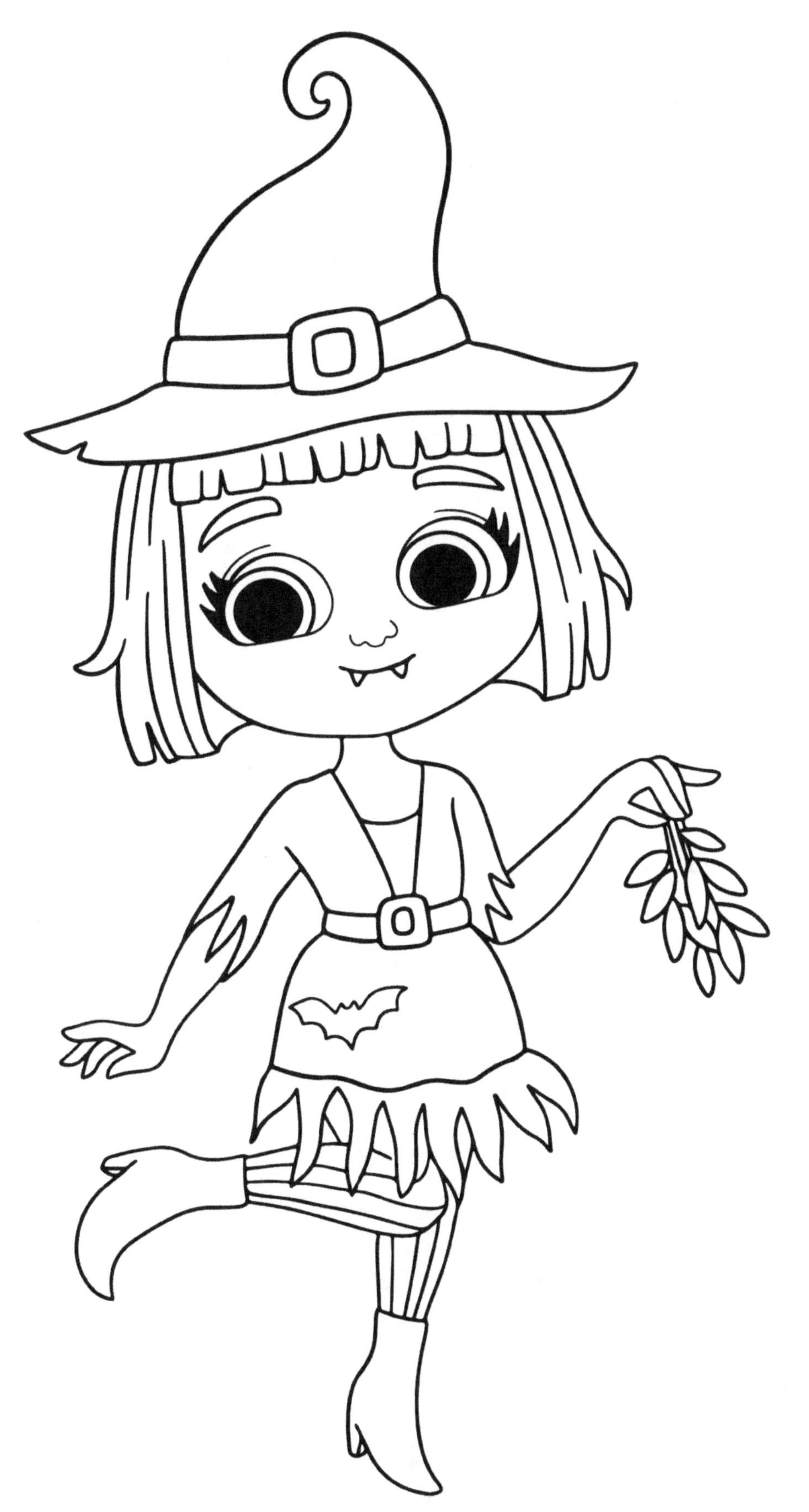

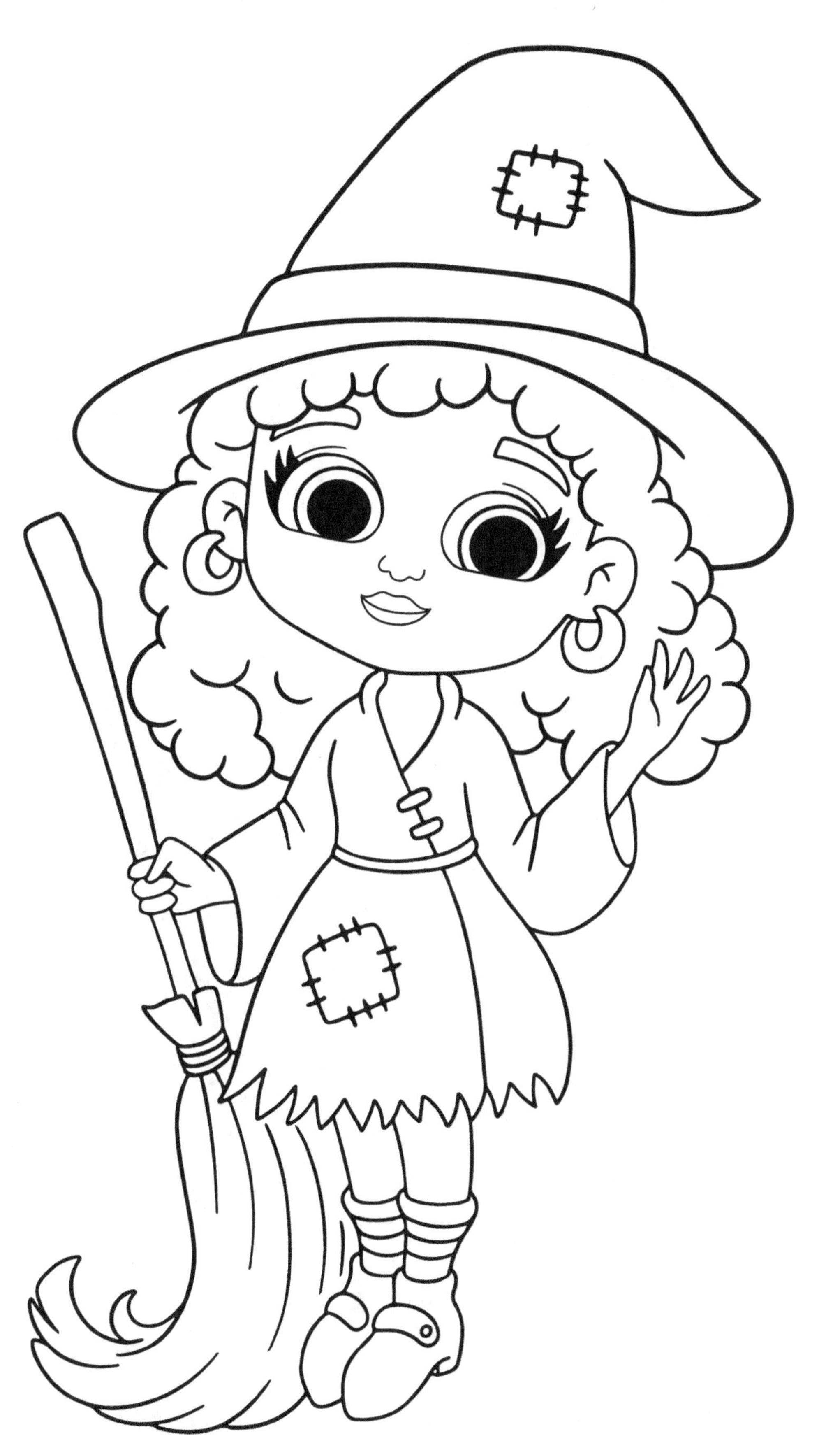

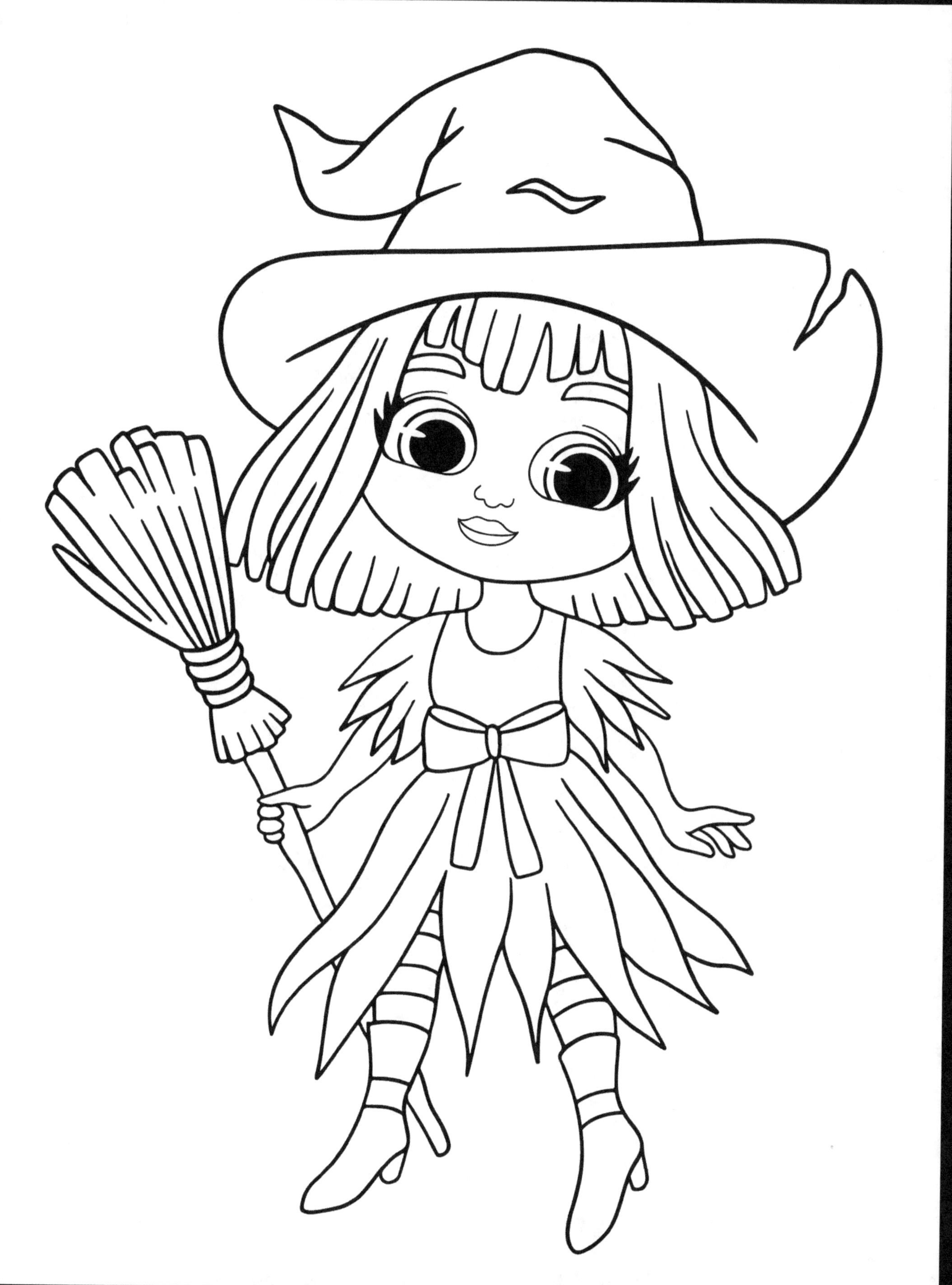

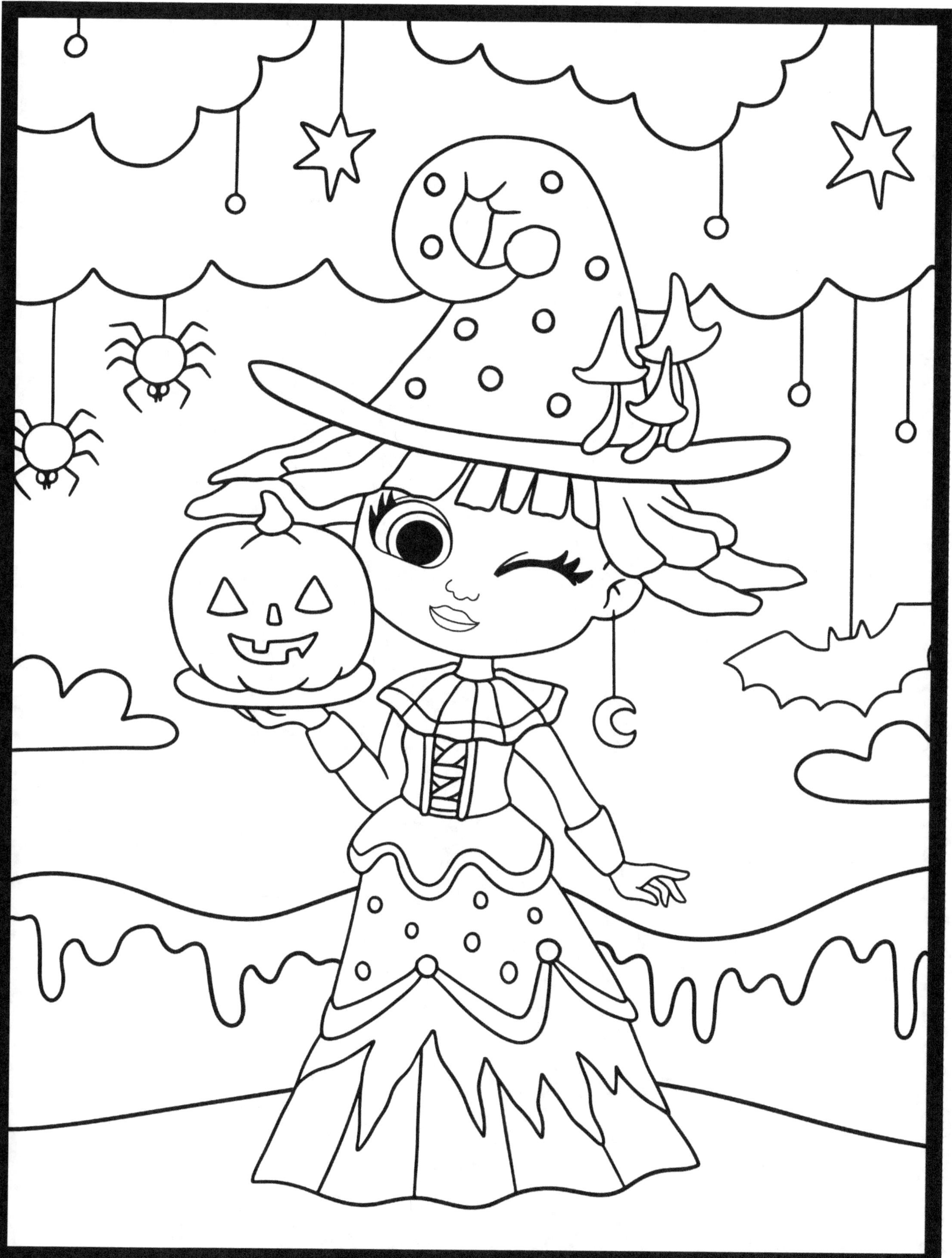

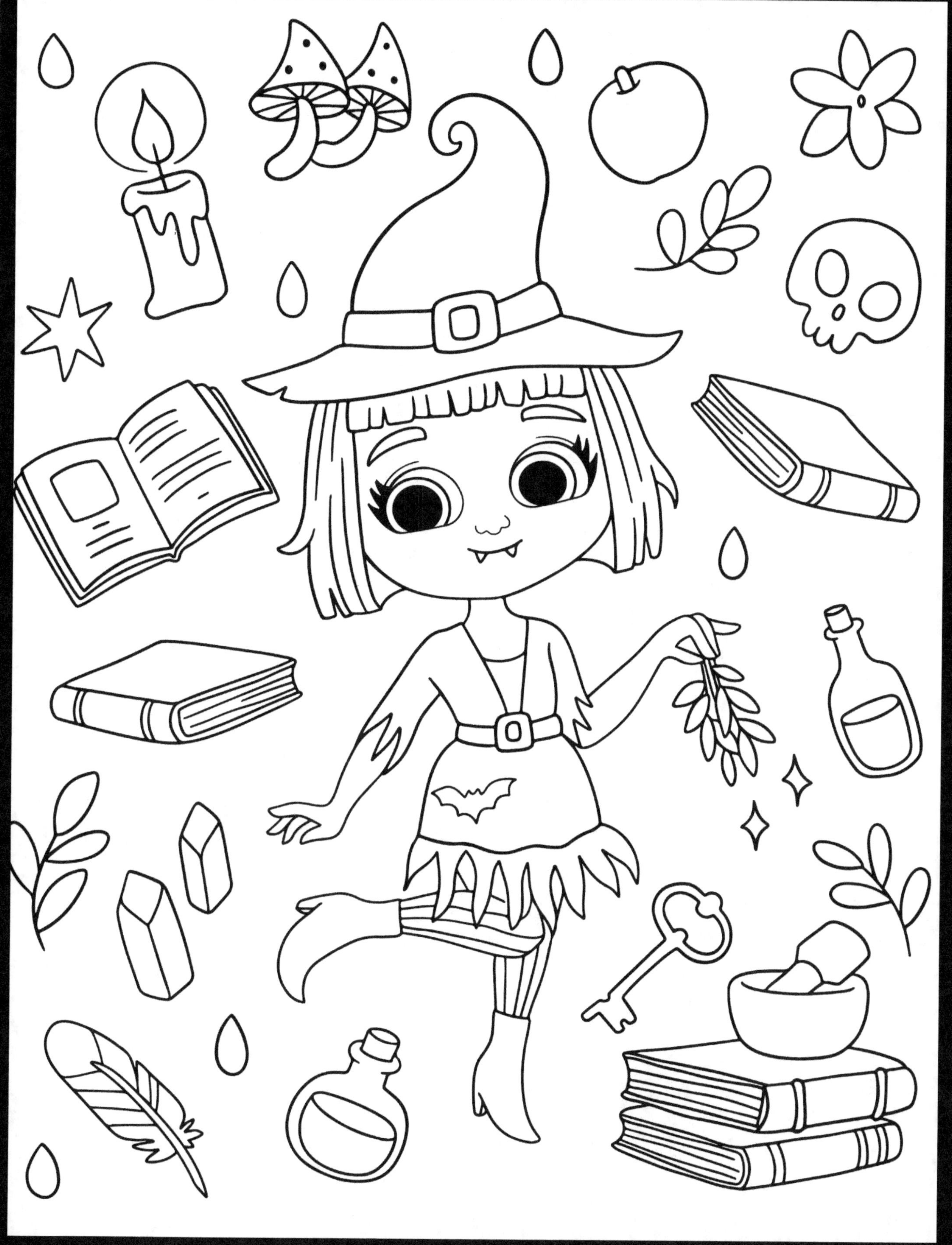

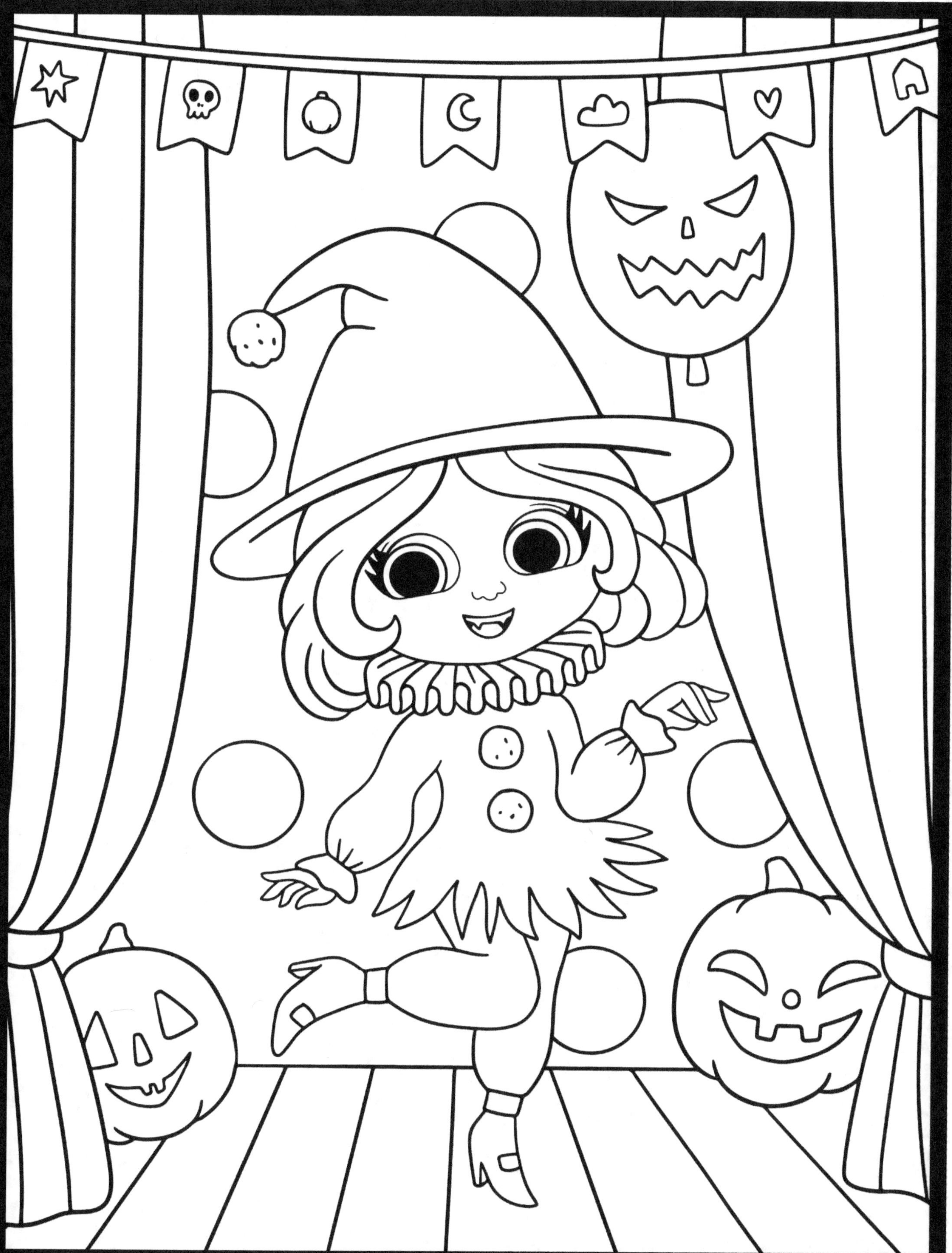

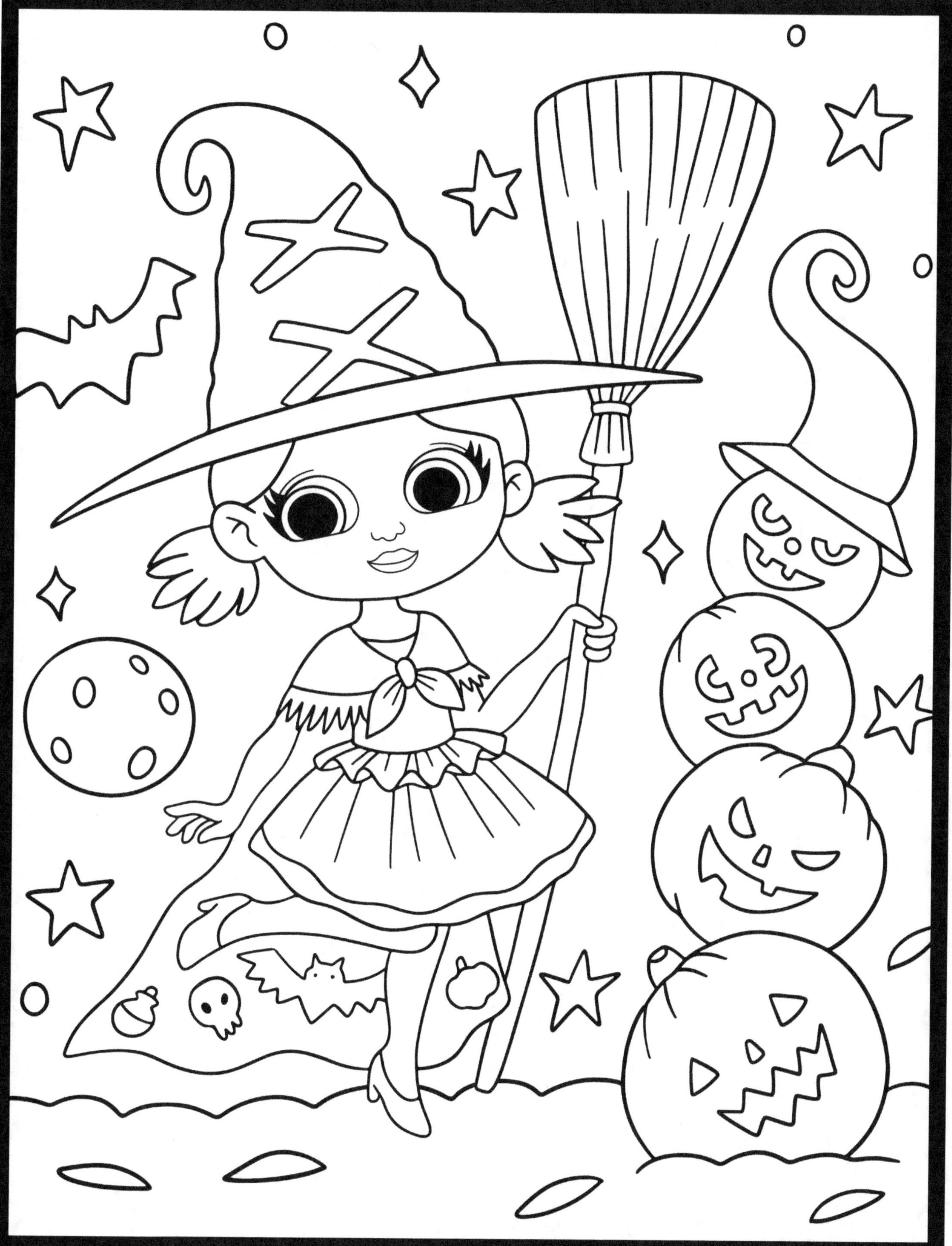

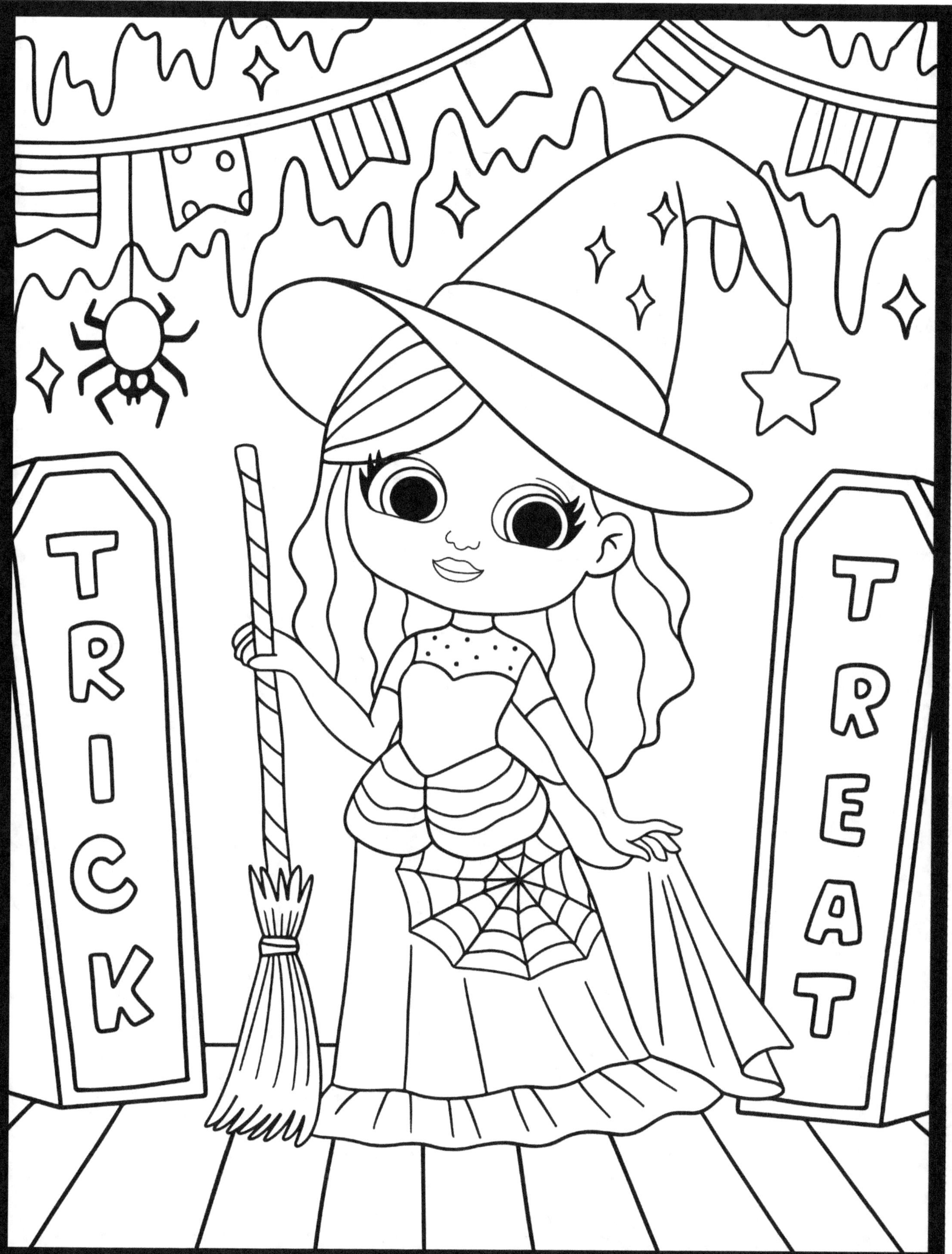

TRICK
TREAT

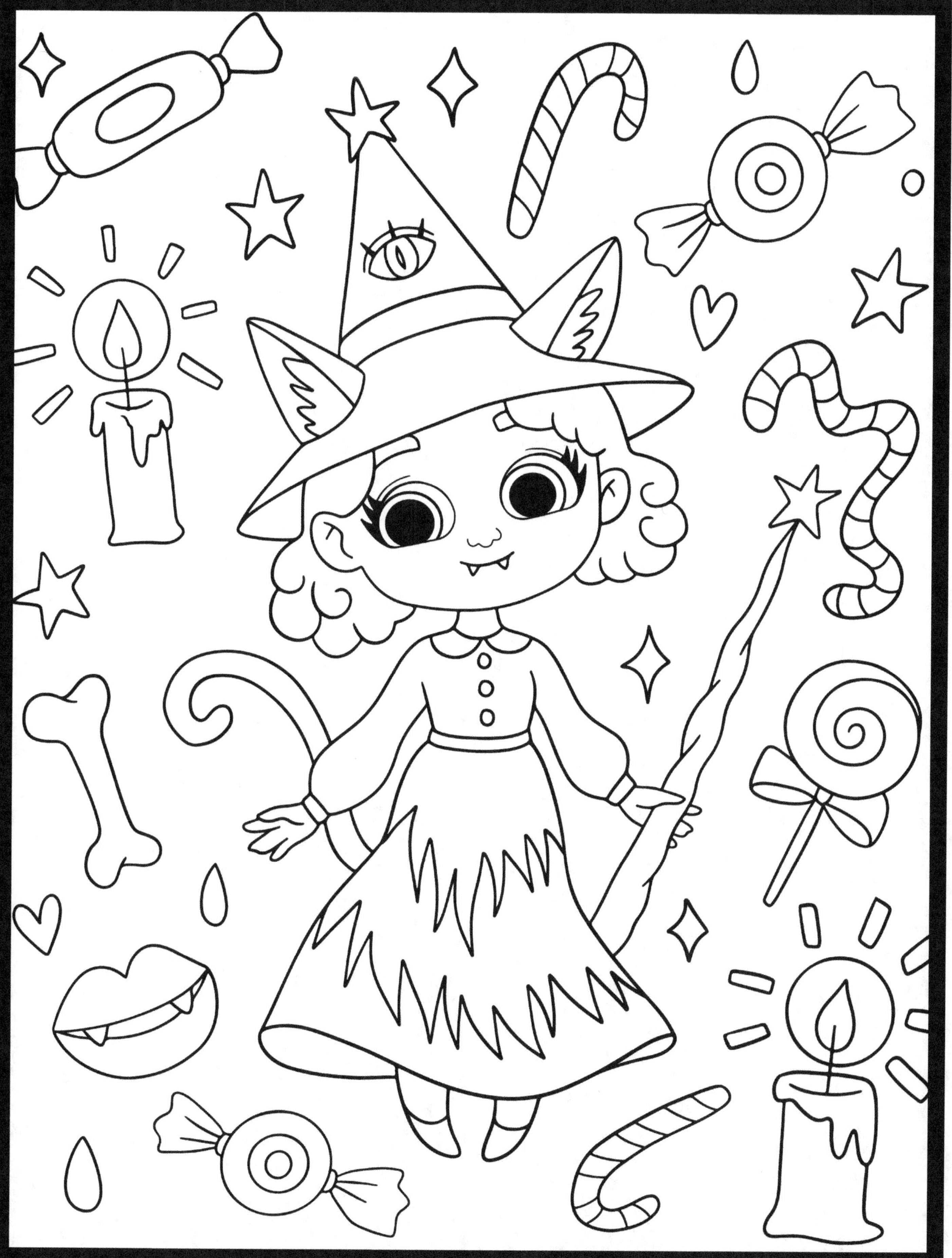

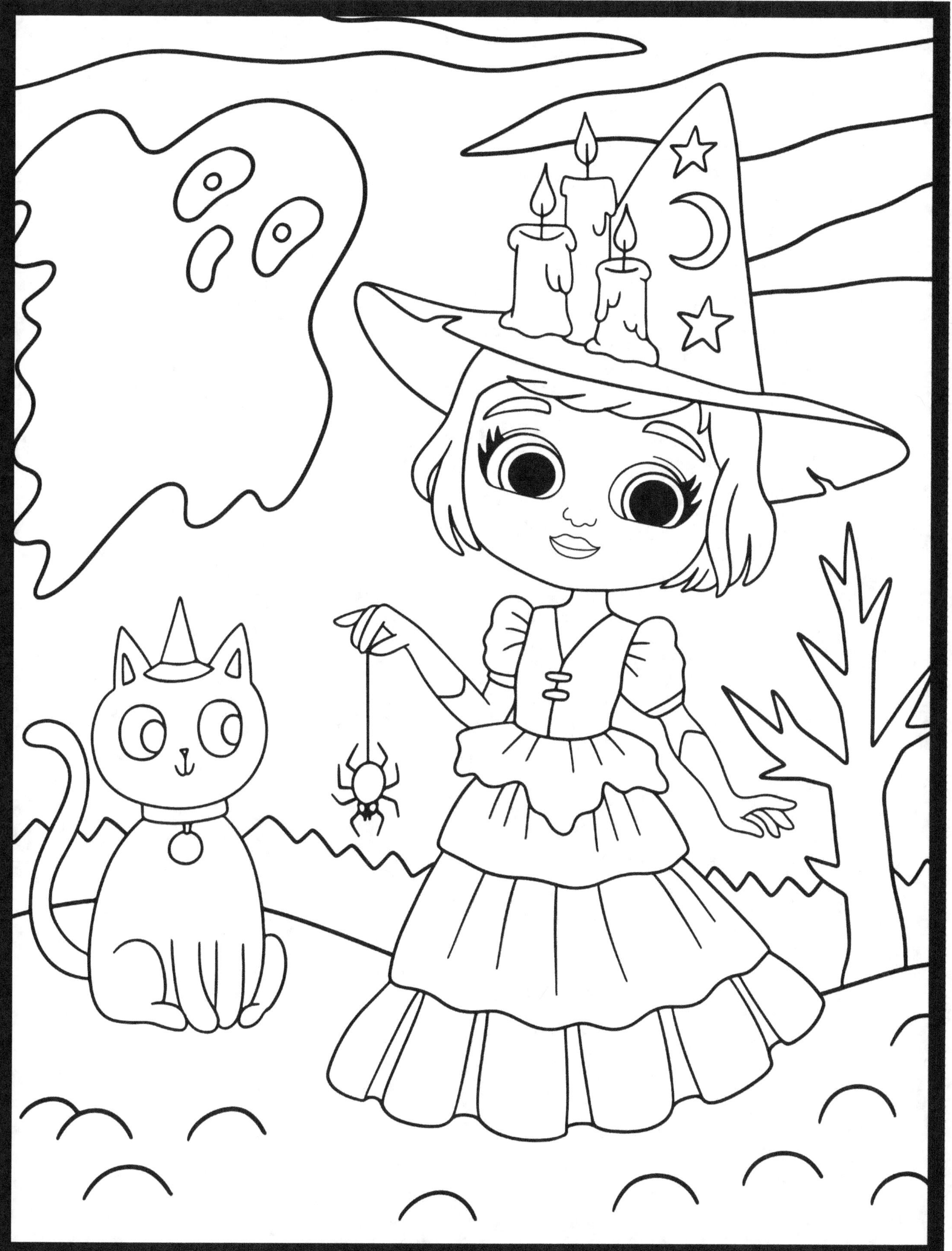

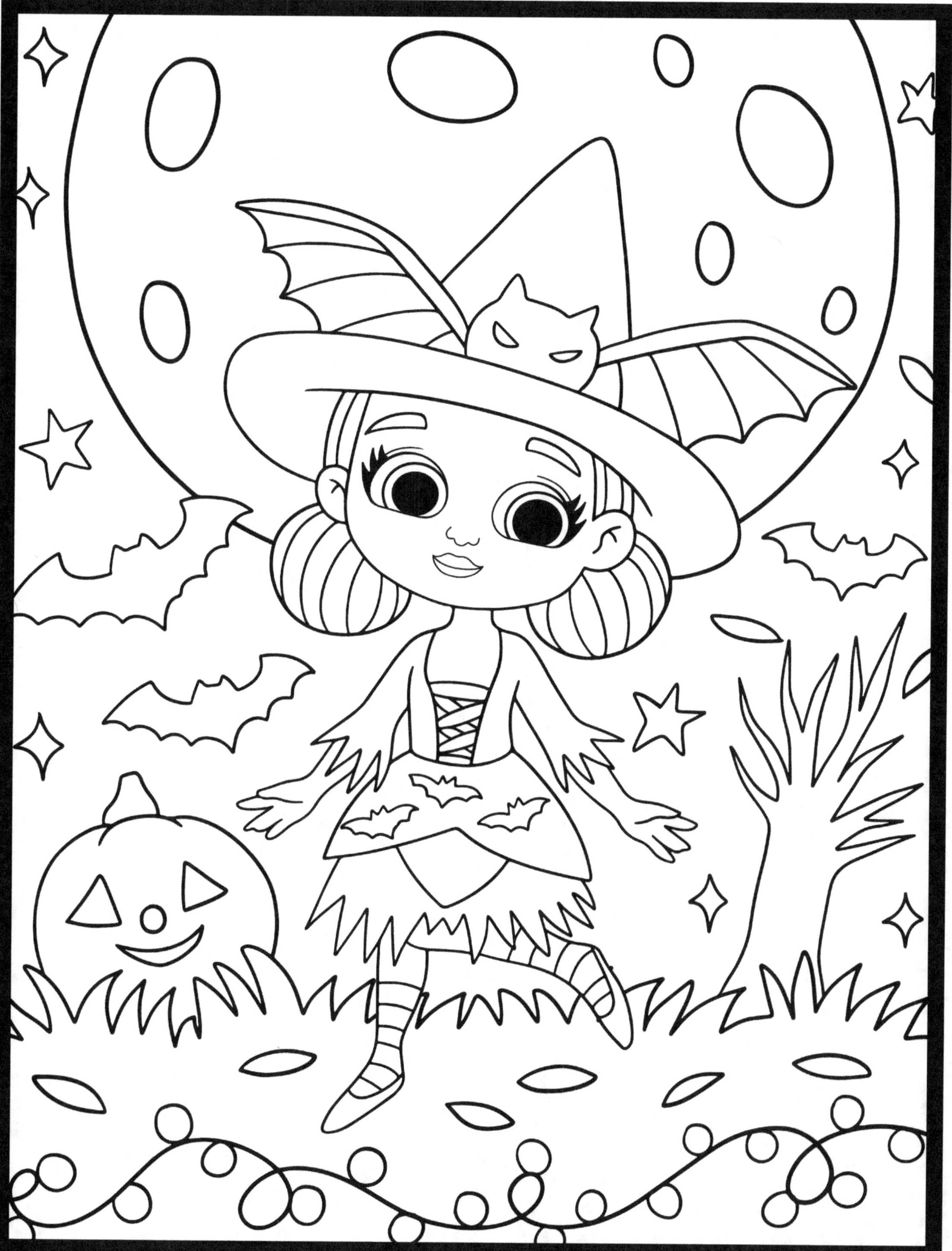

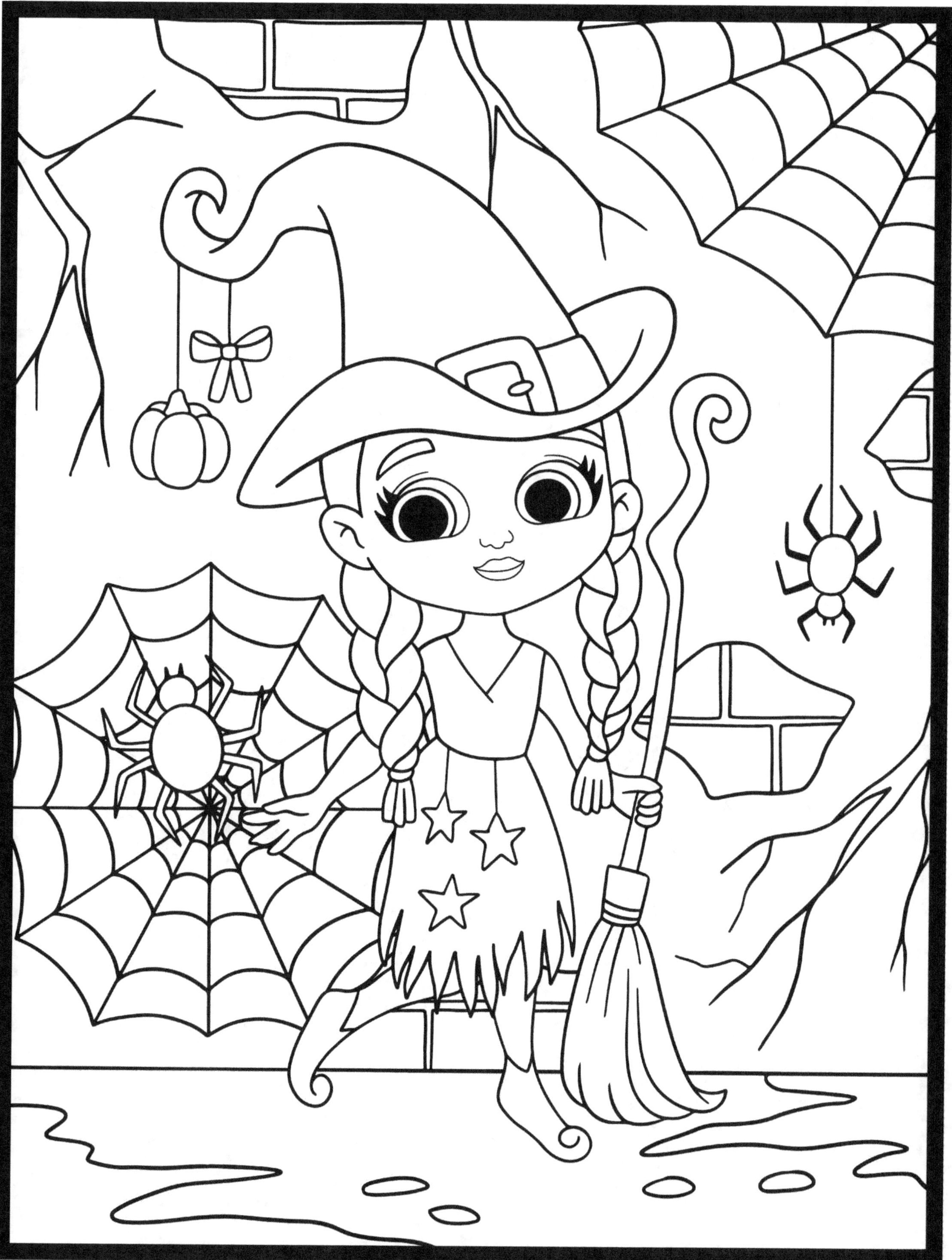

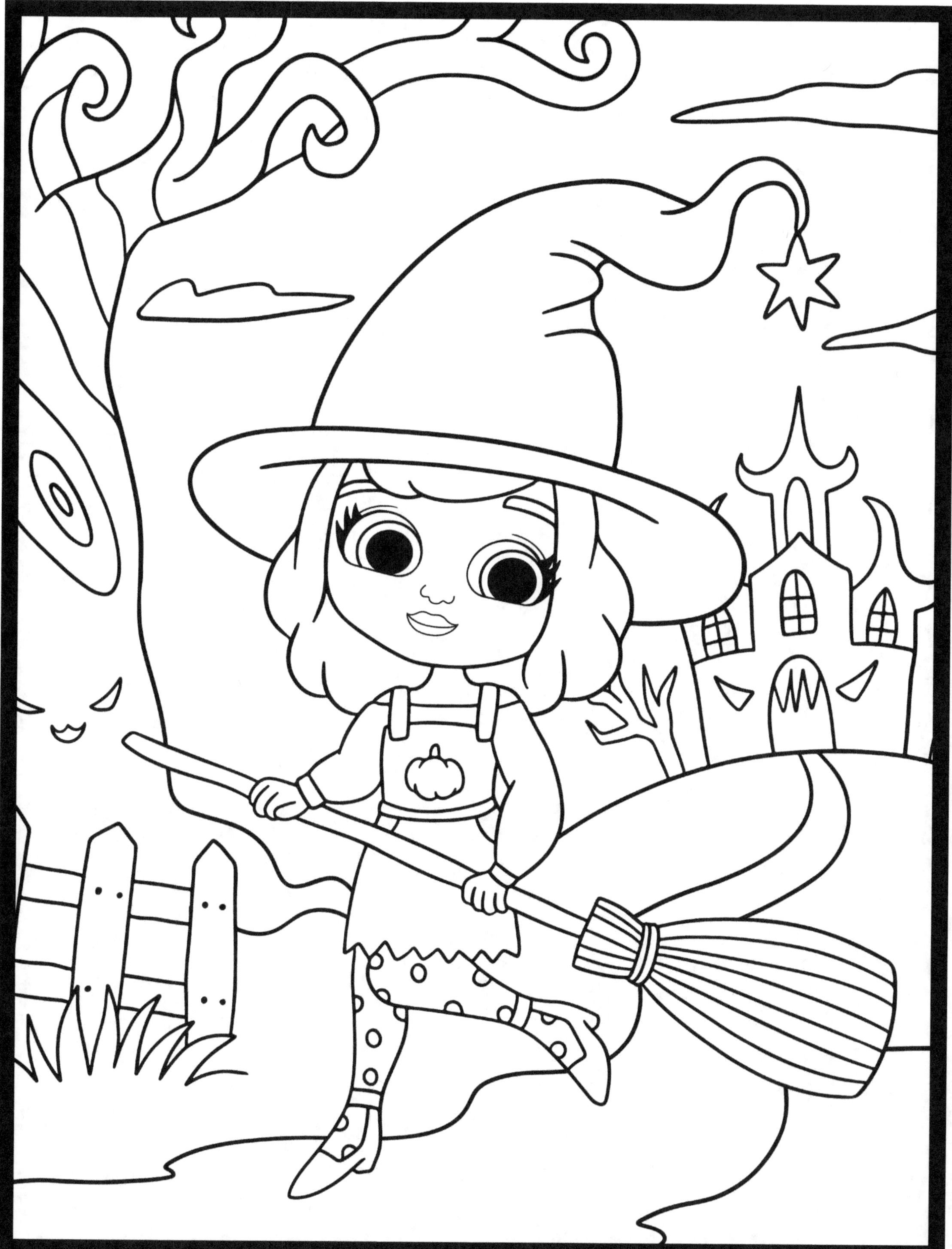

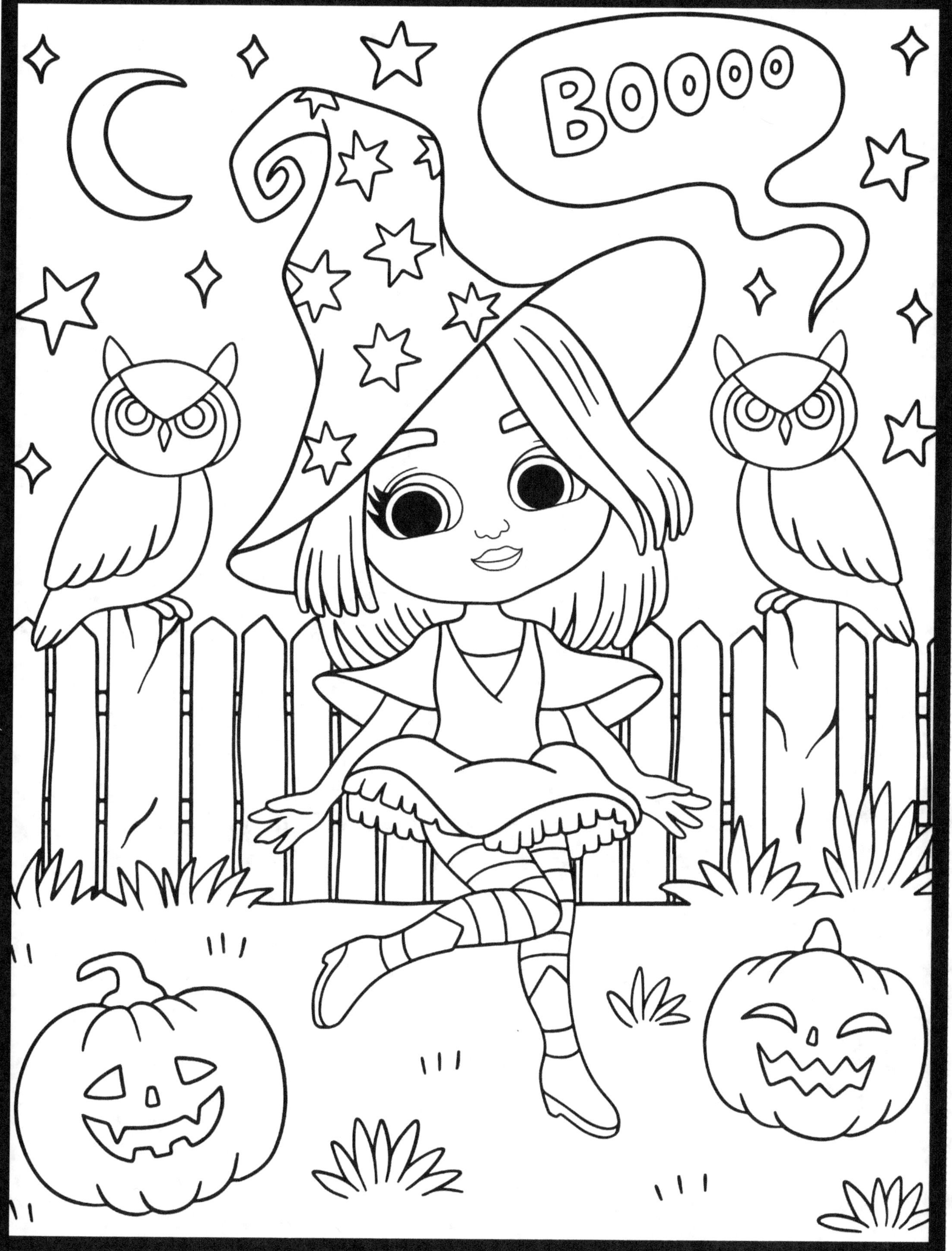
BOOOO

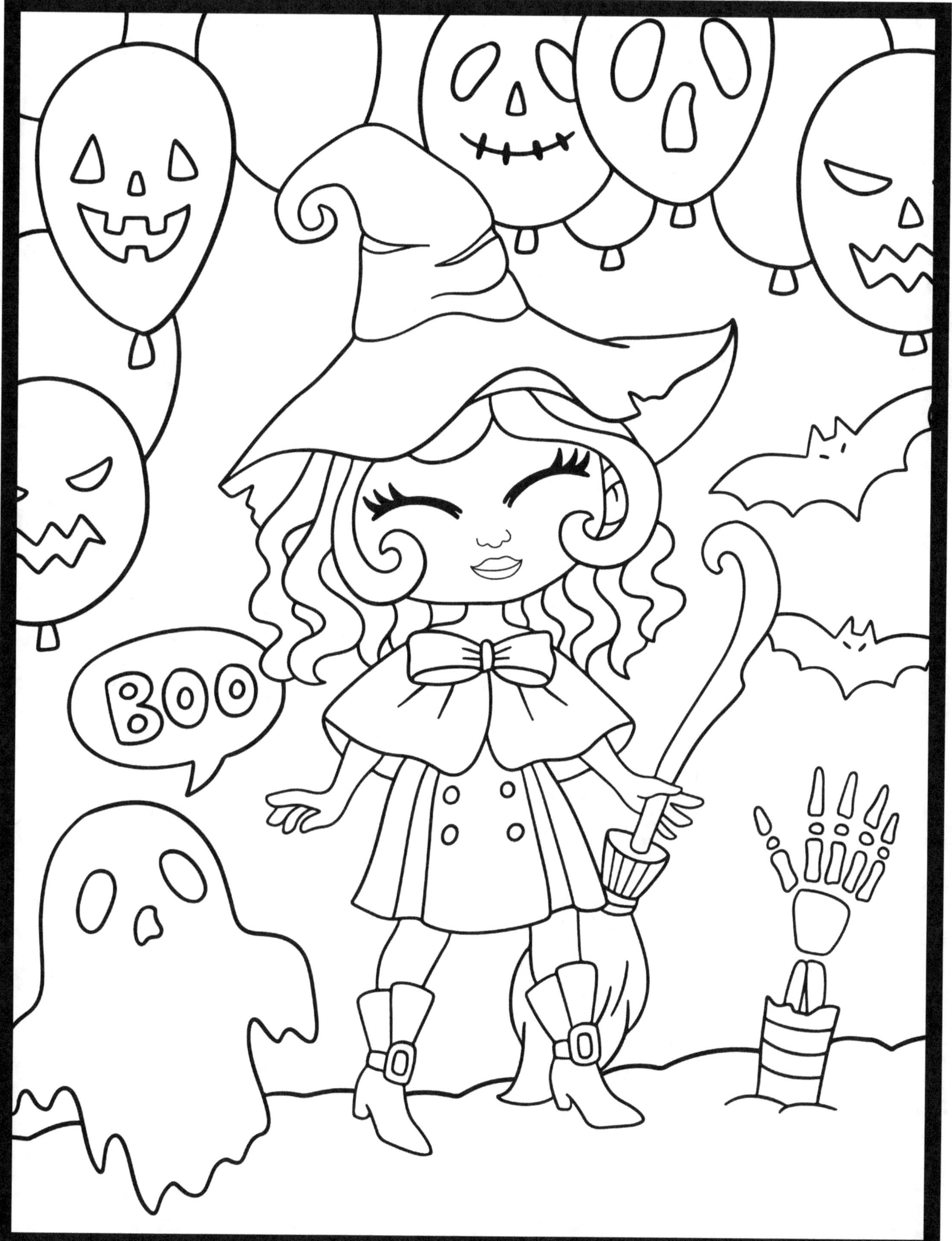

BOO

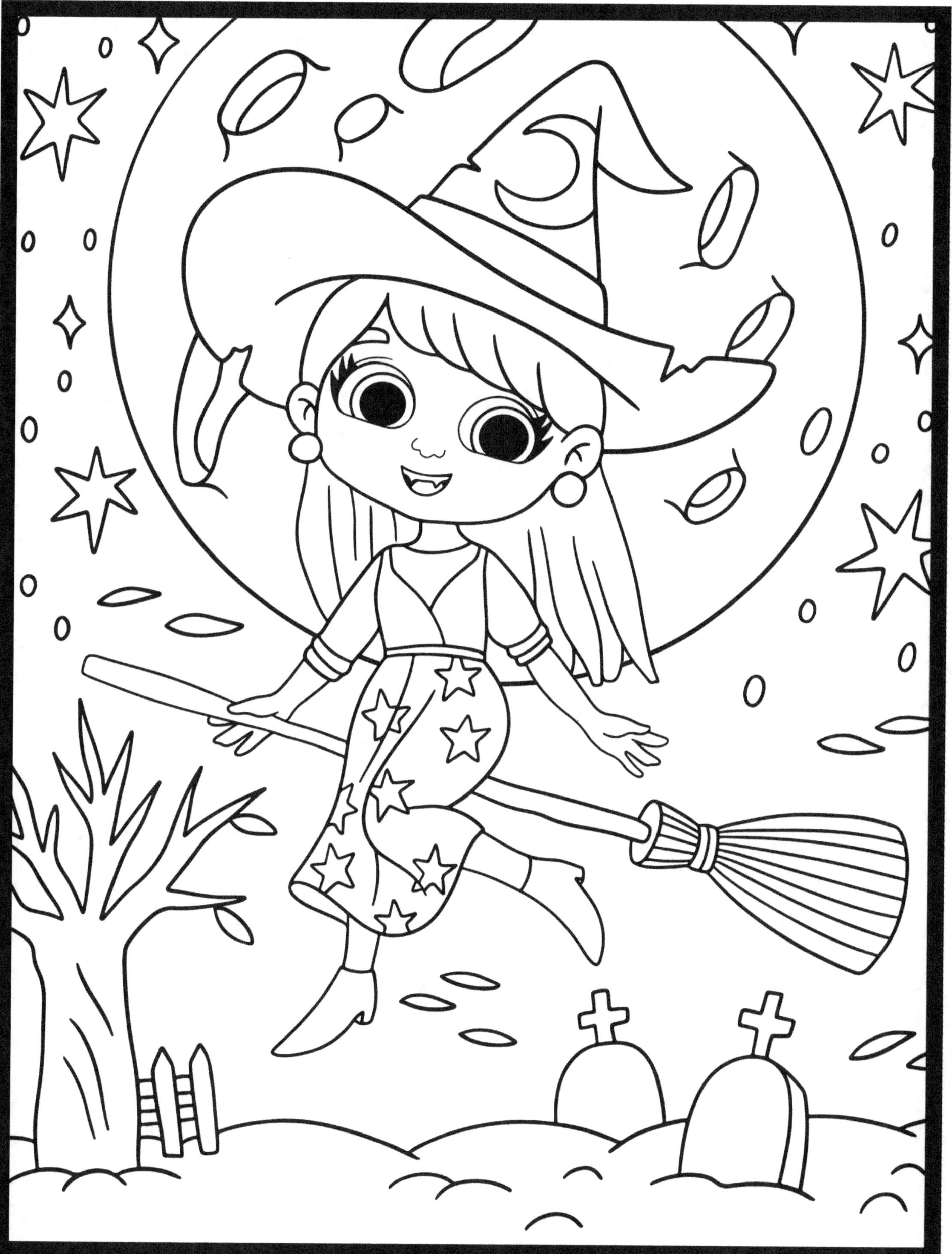

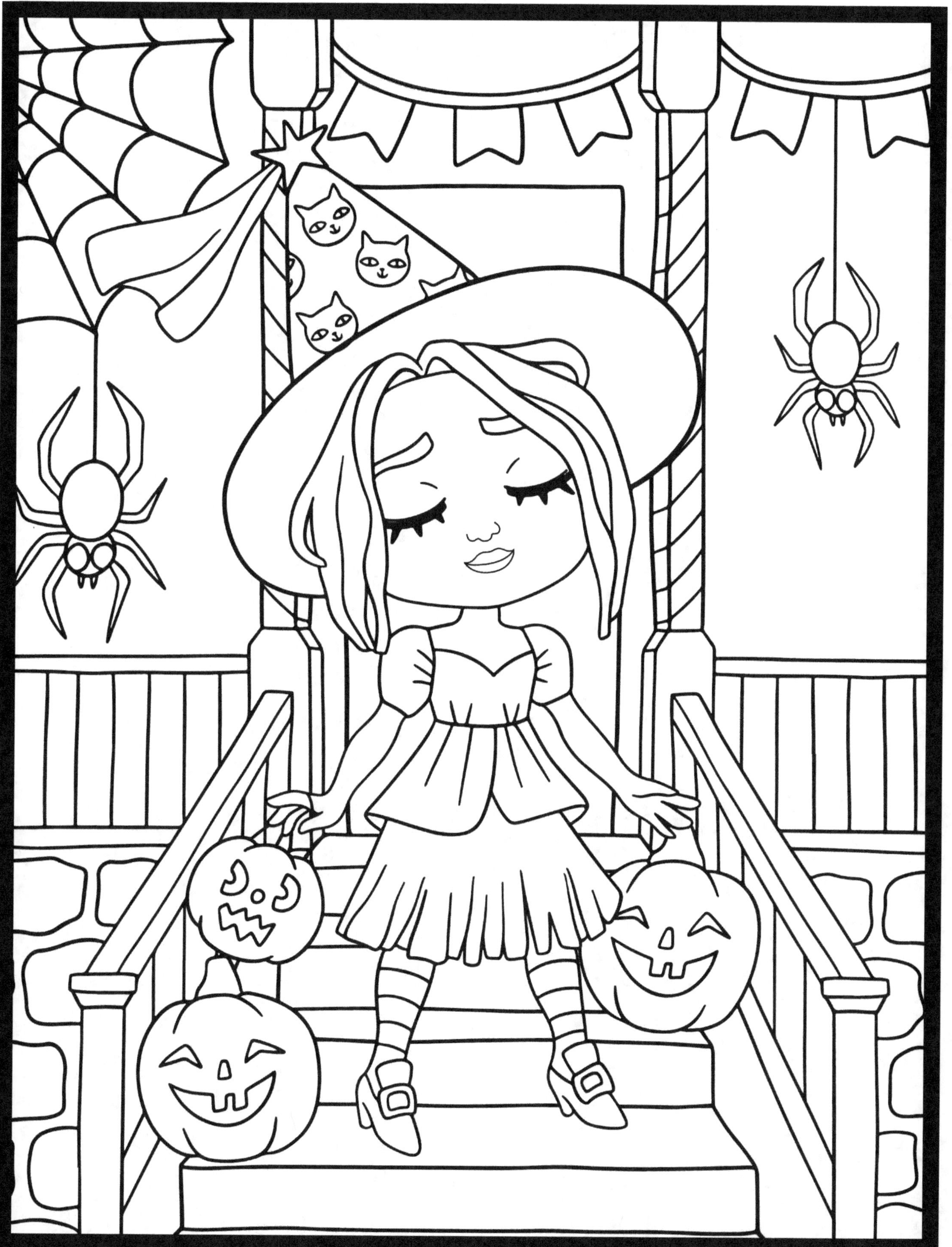

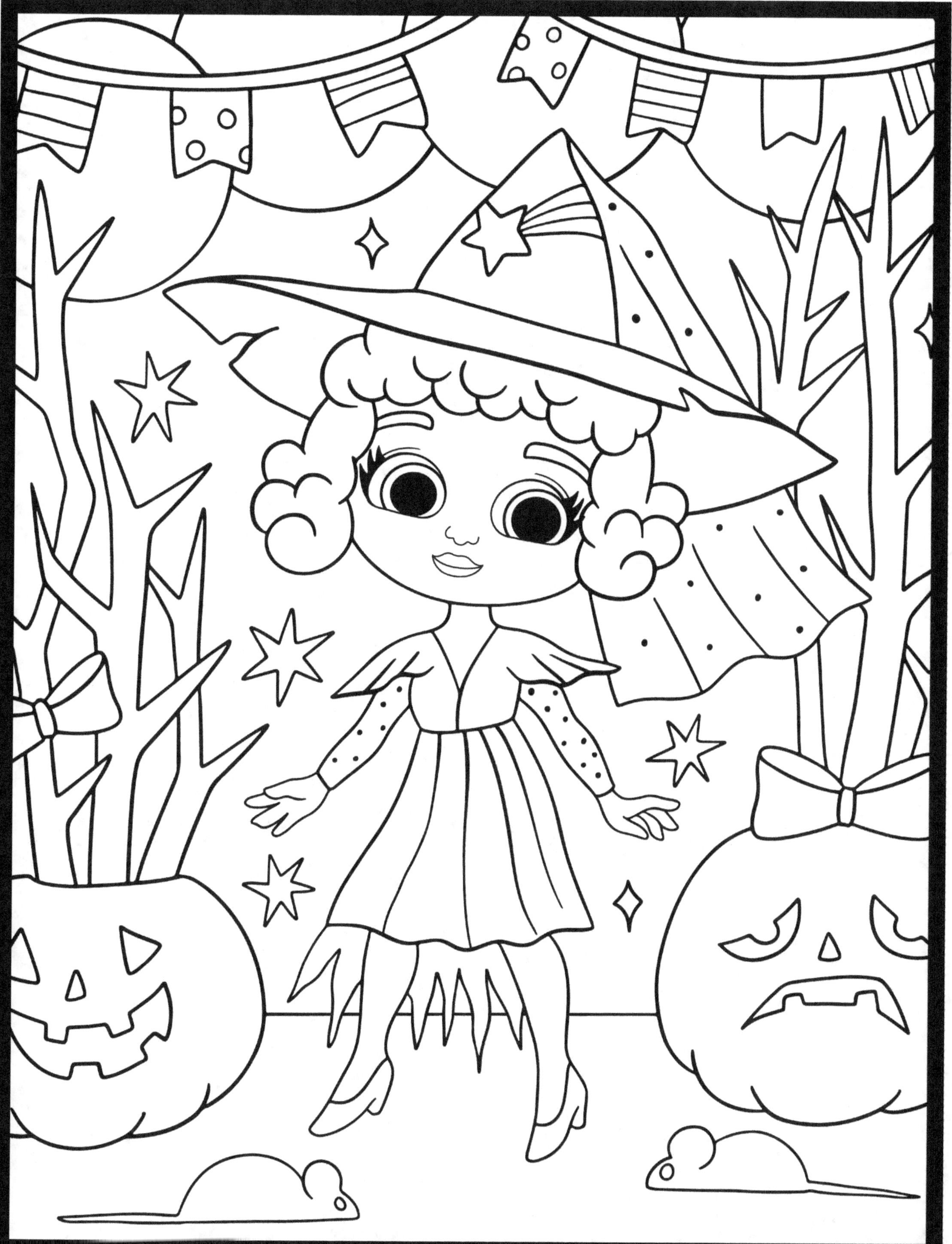

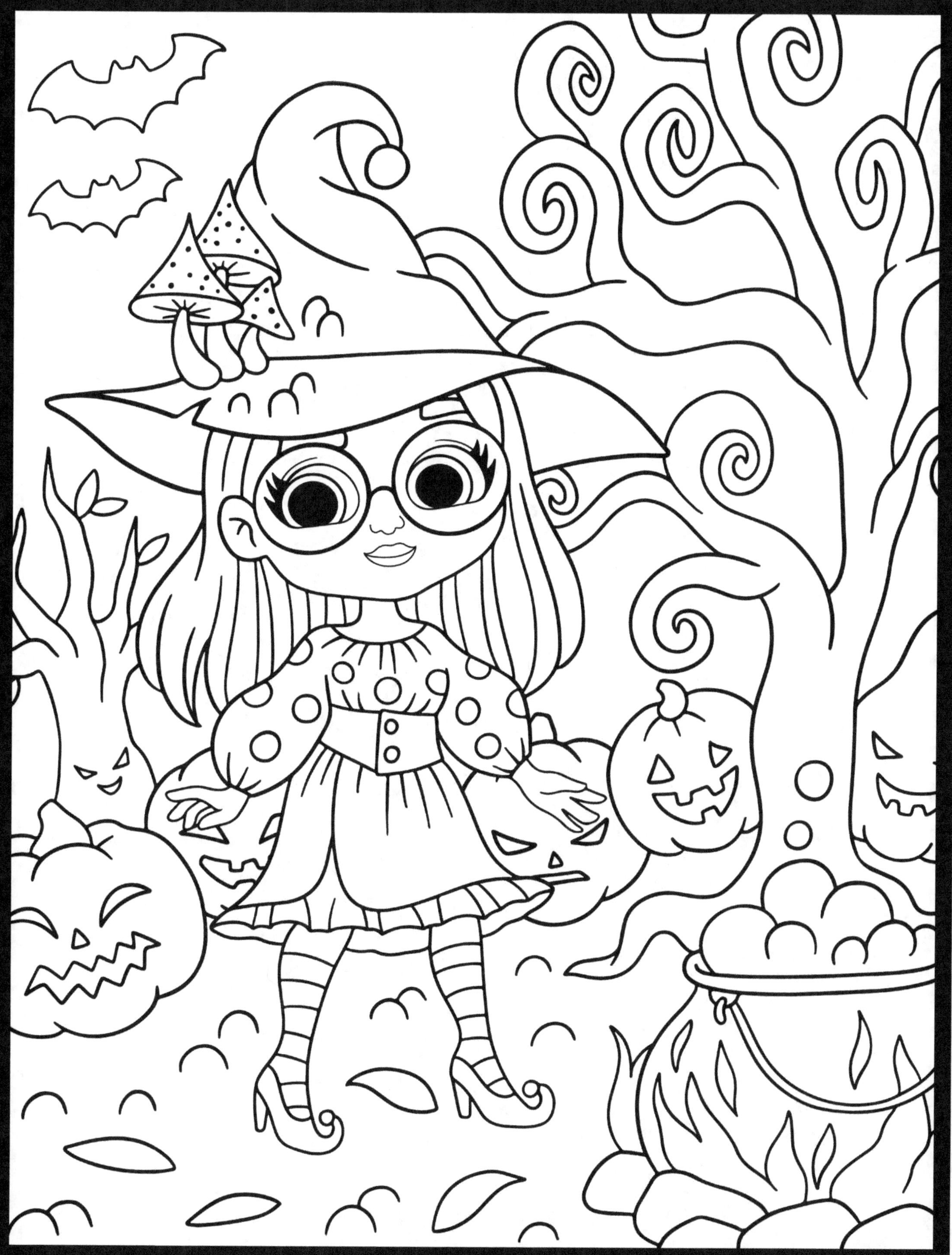

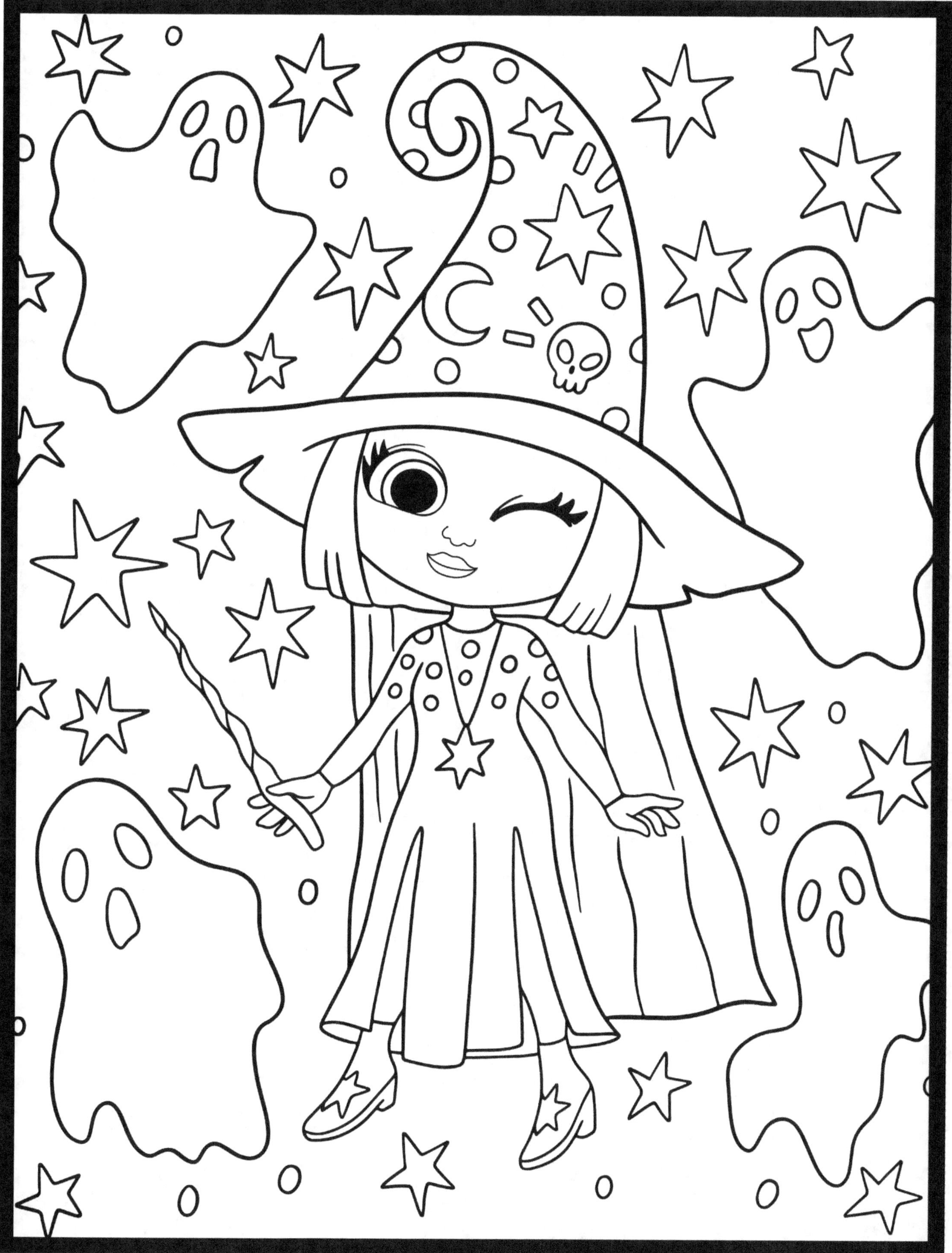

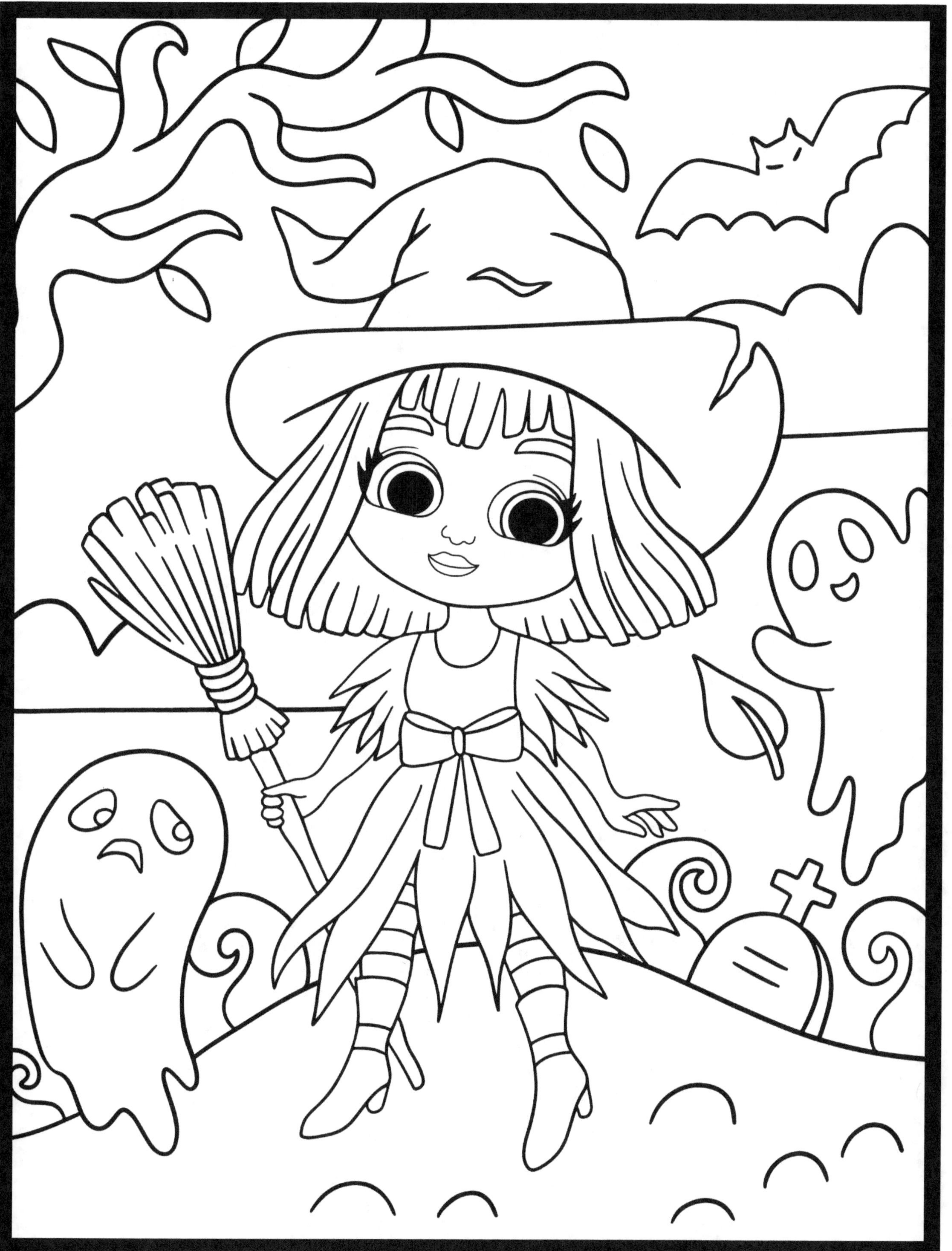

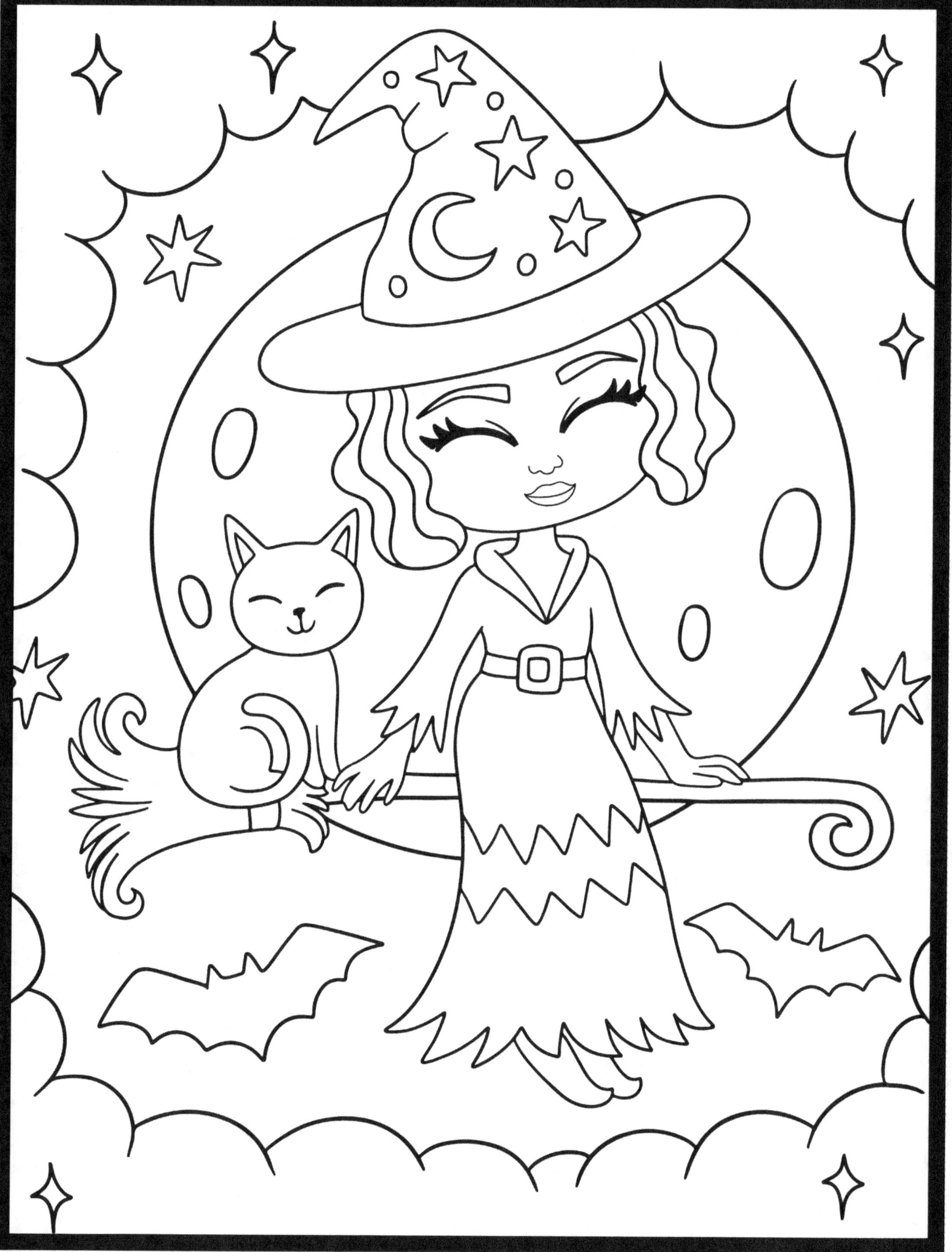

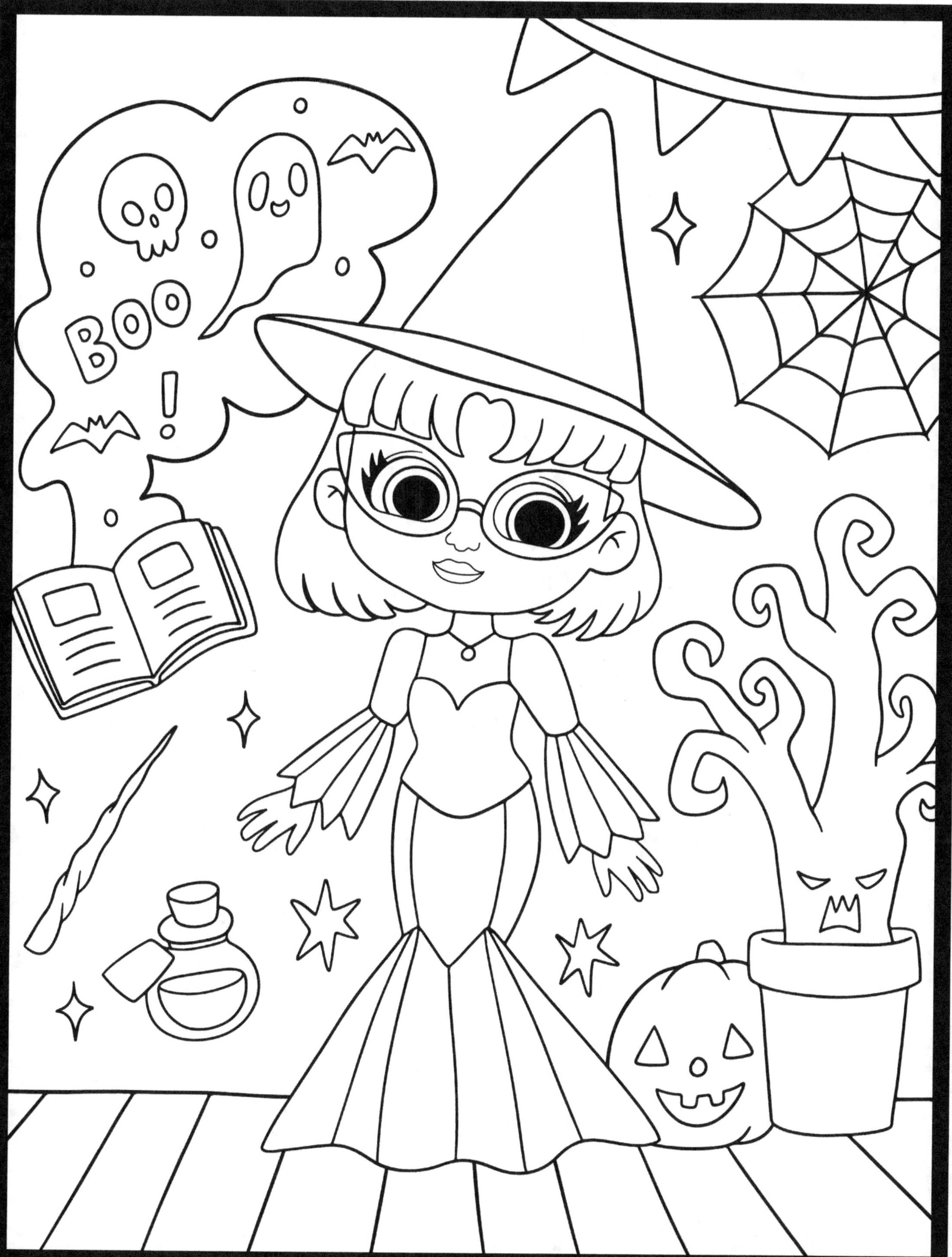
BOO
!

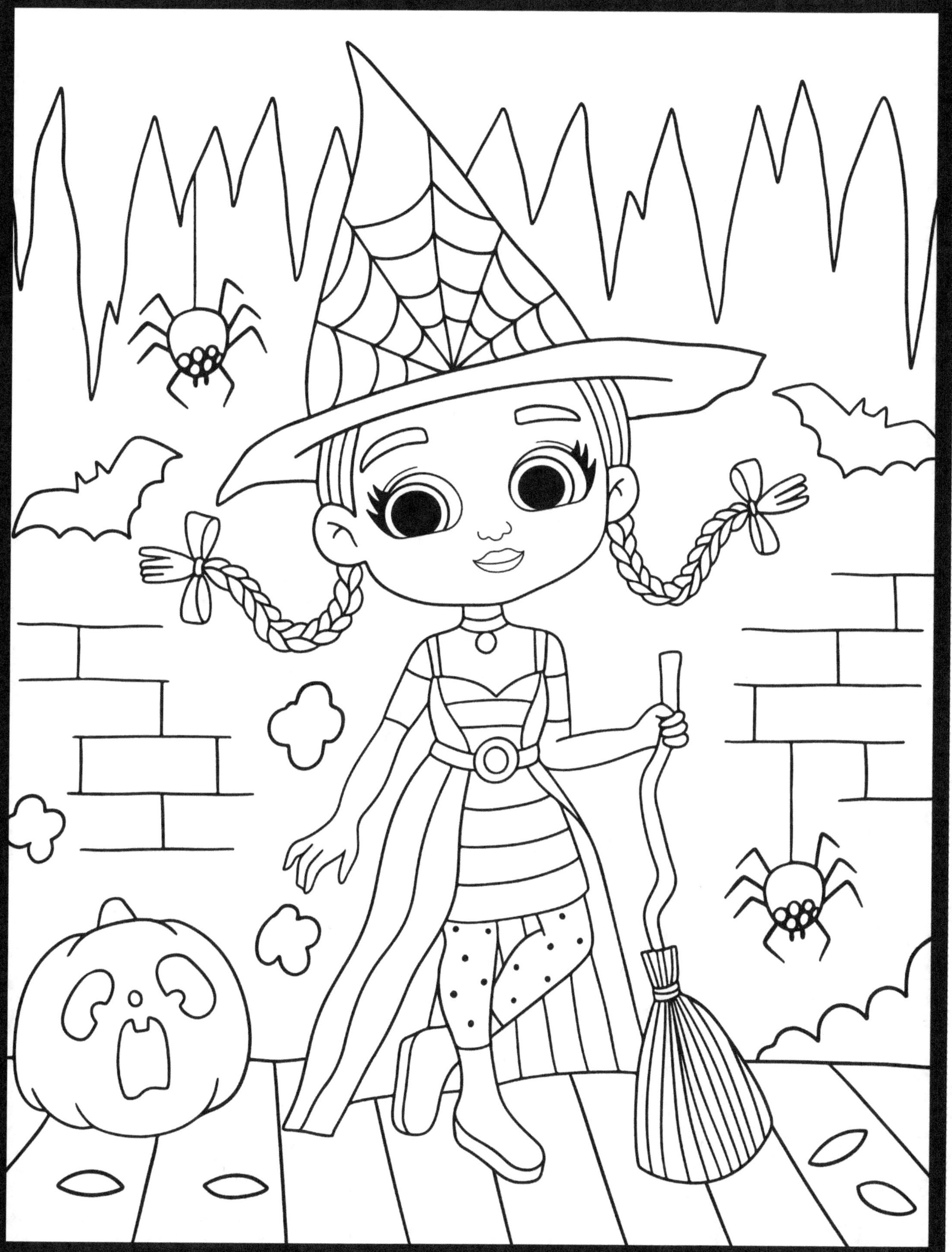

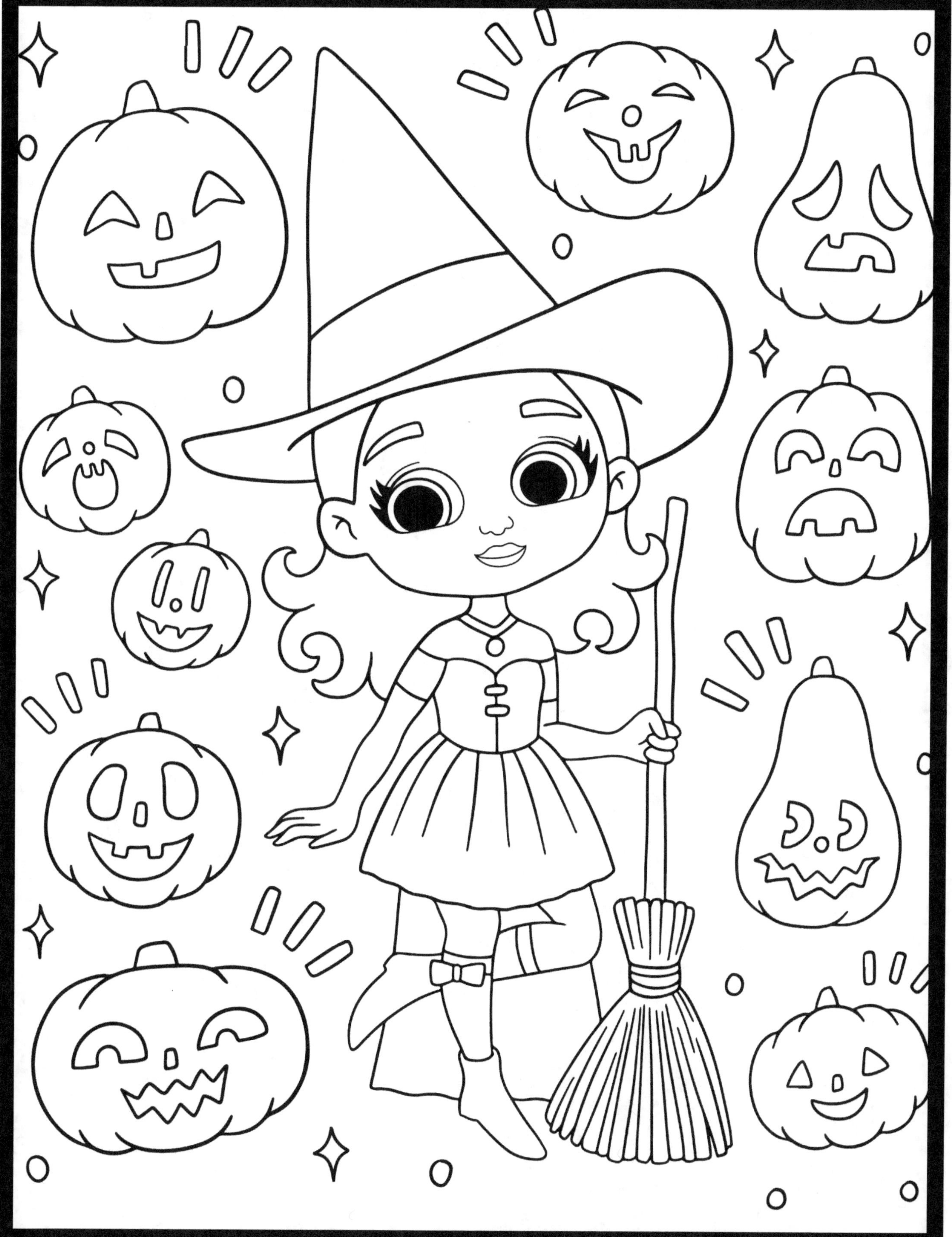

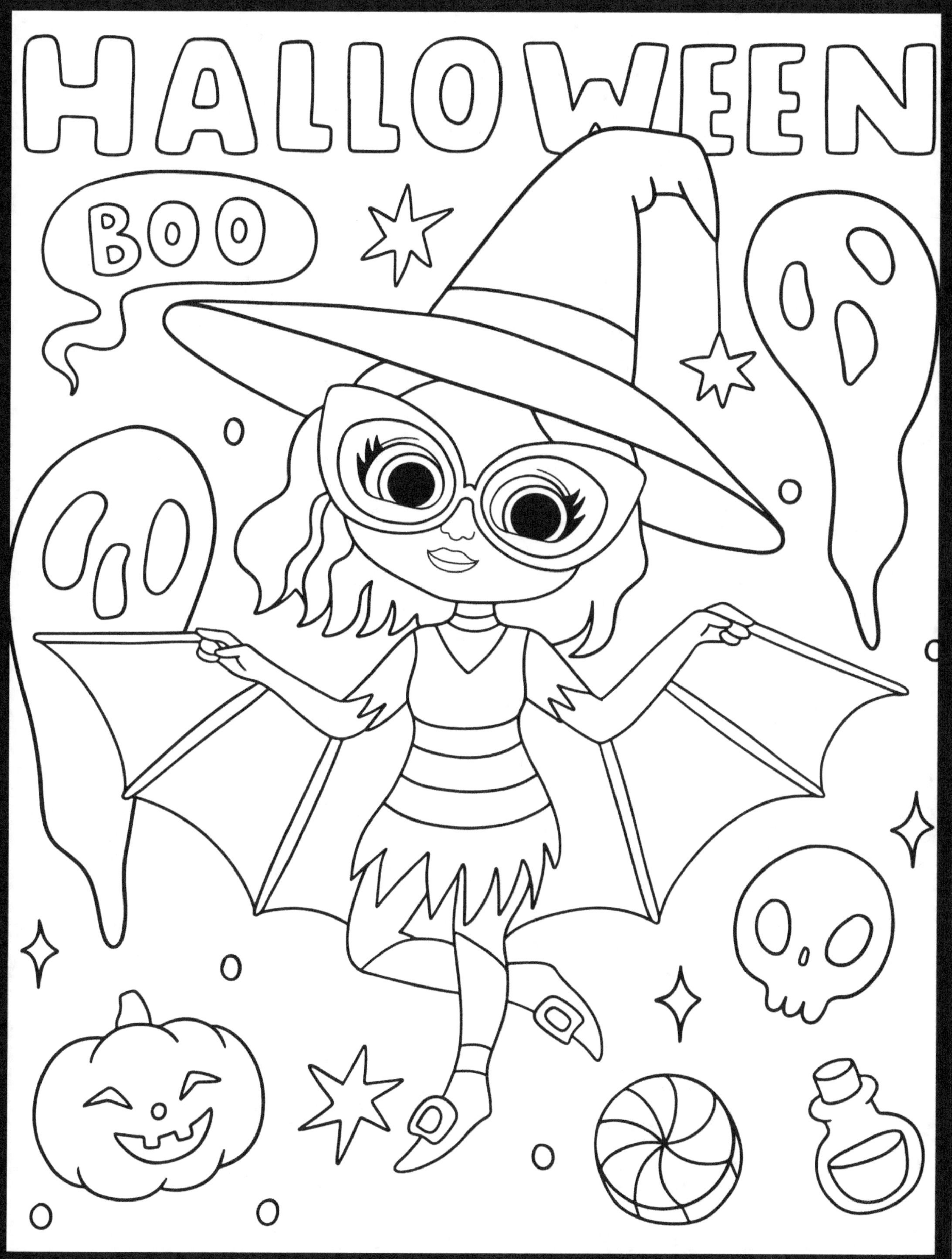

HALLOWEEN
BOO

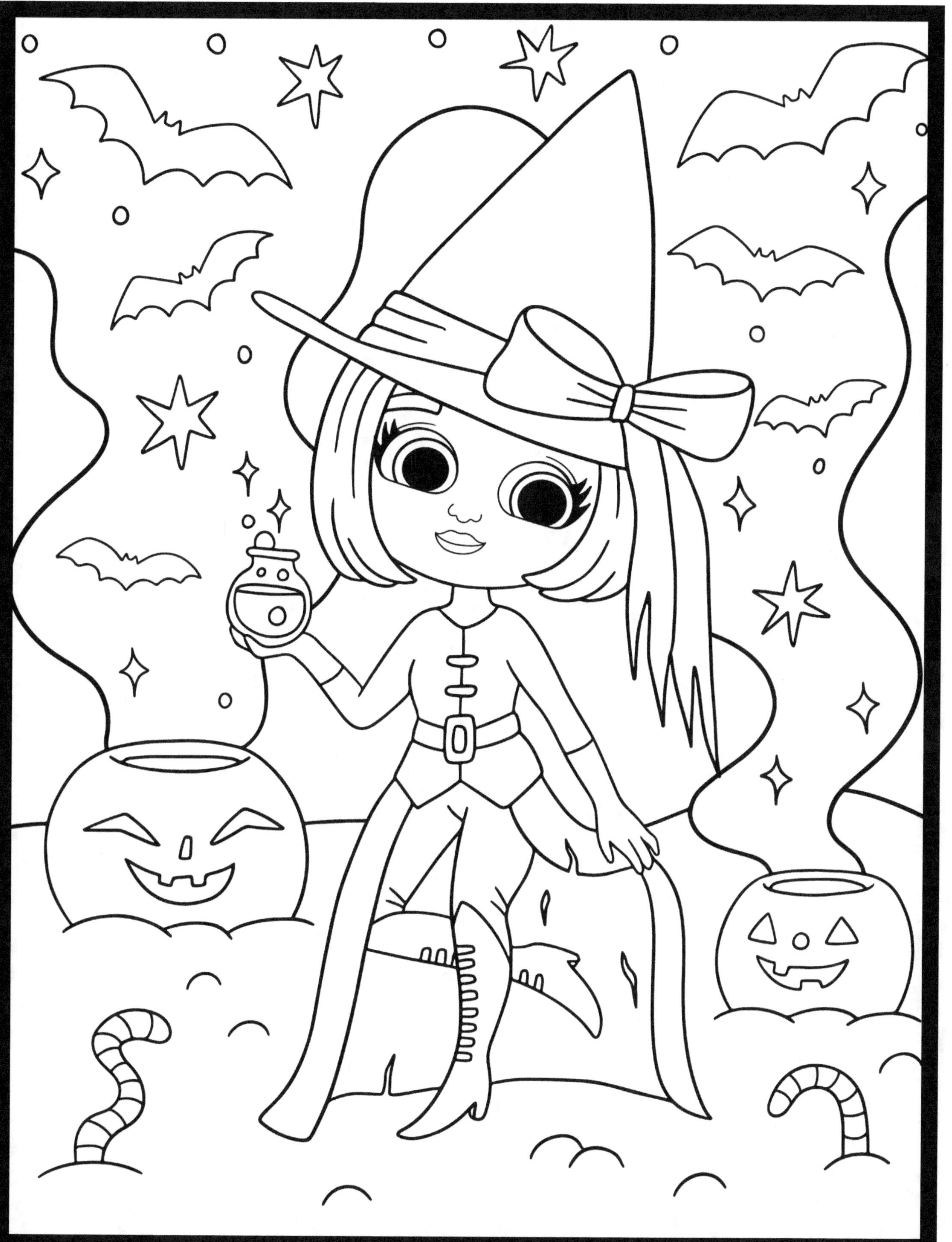

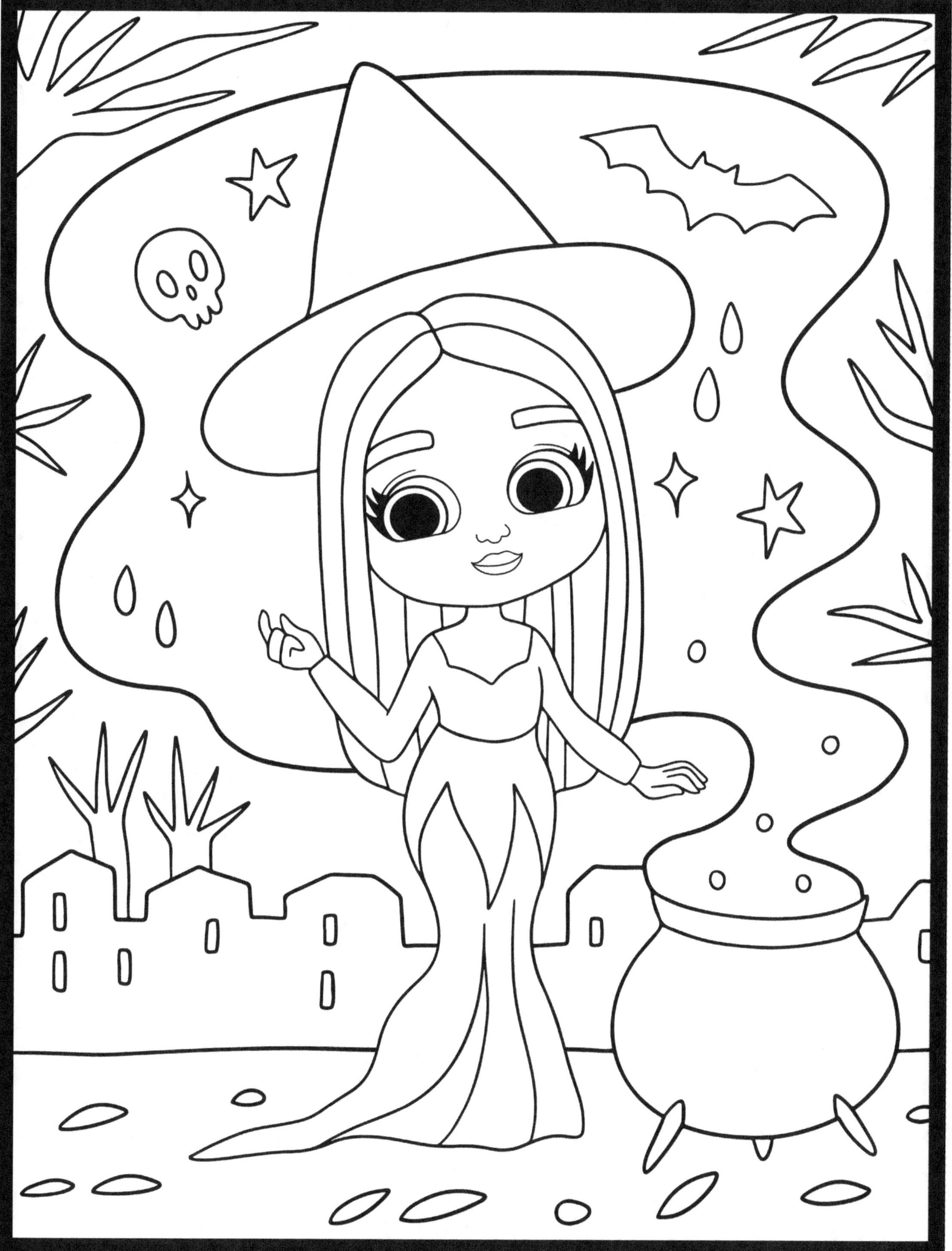

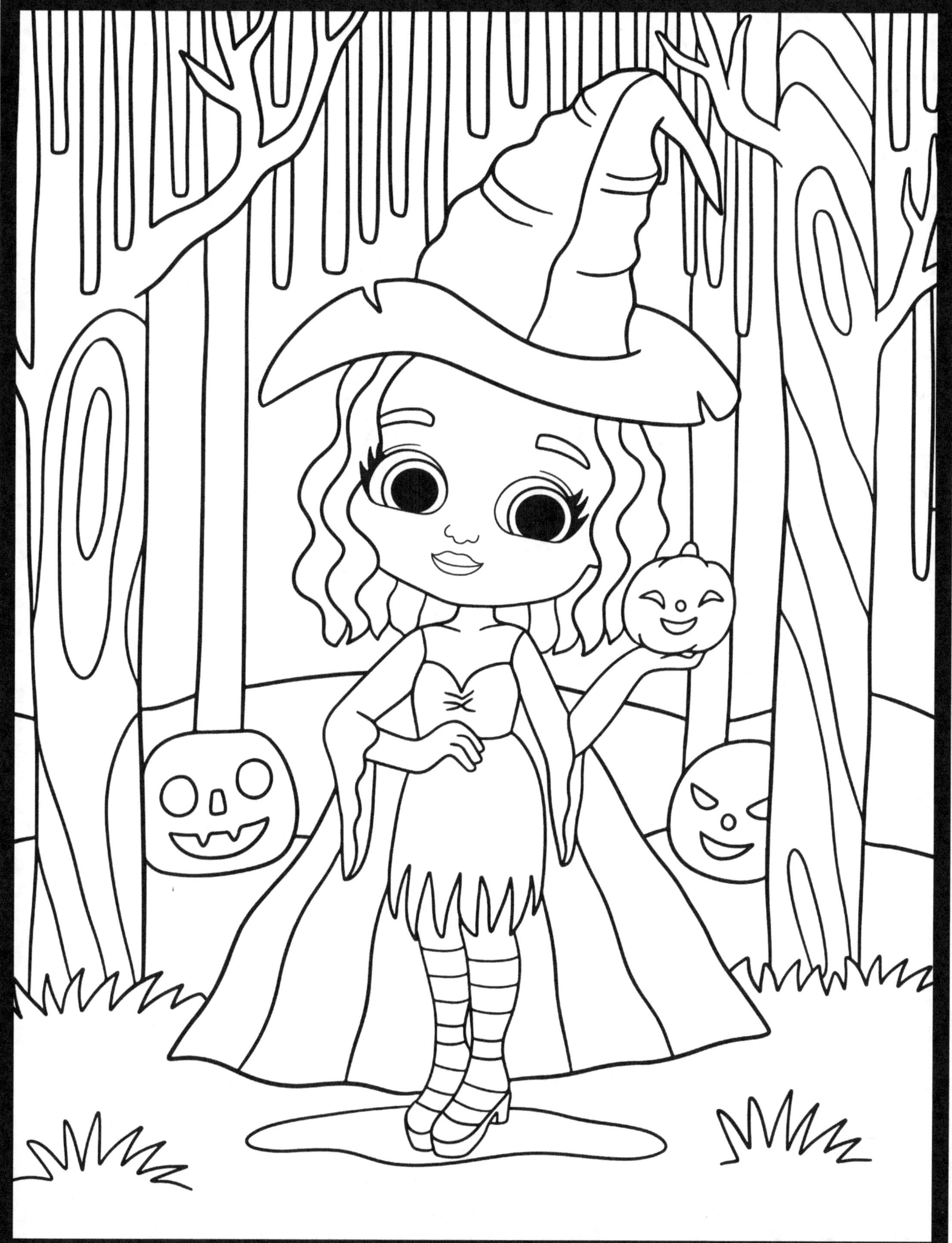

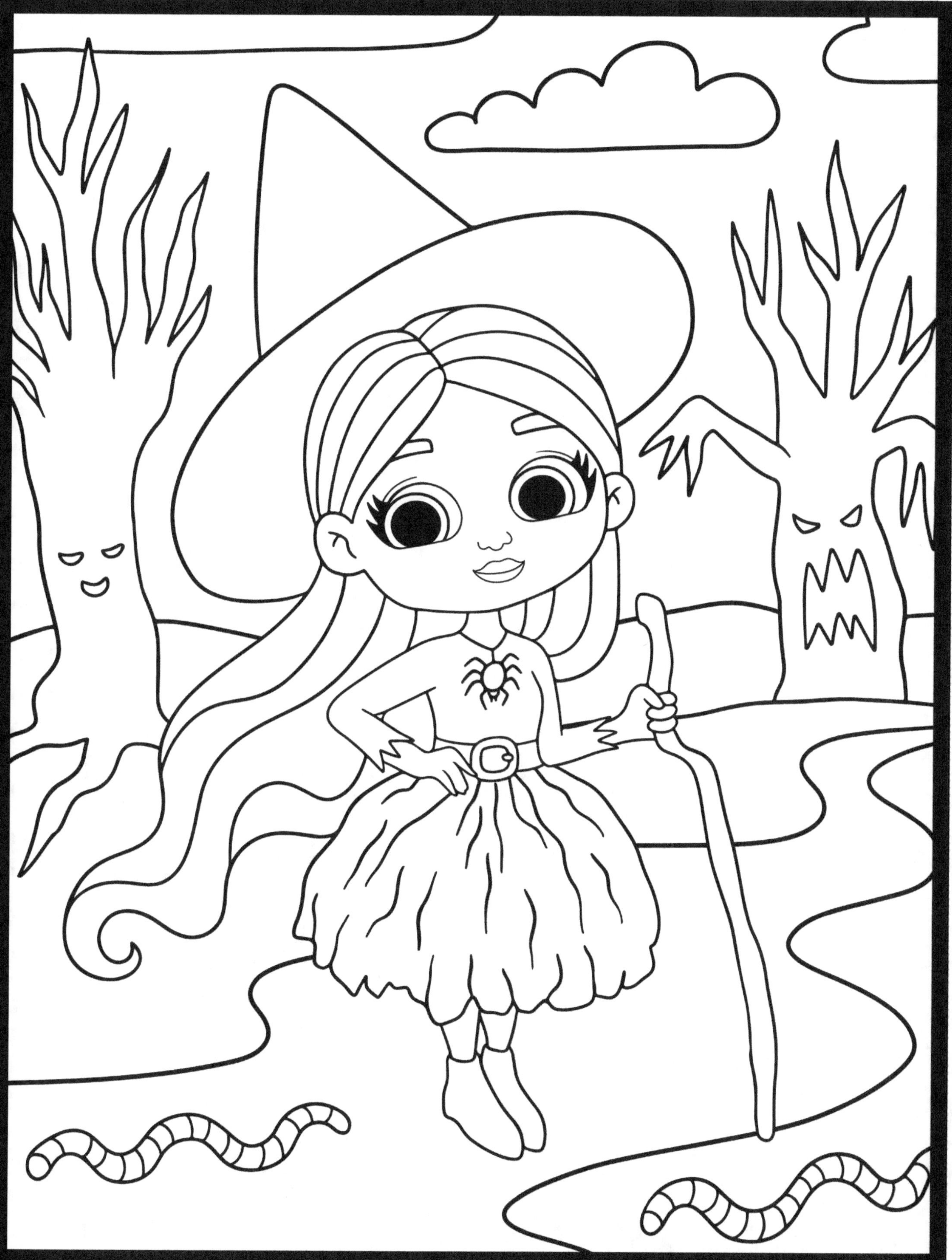

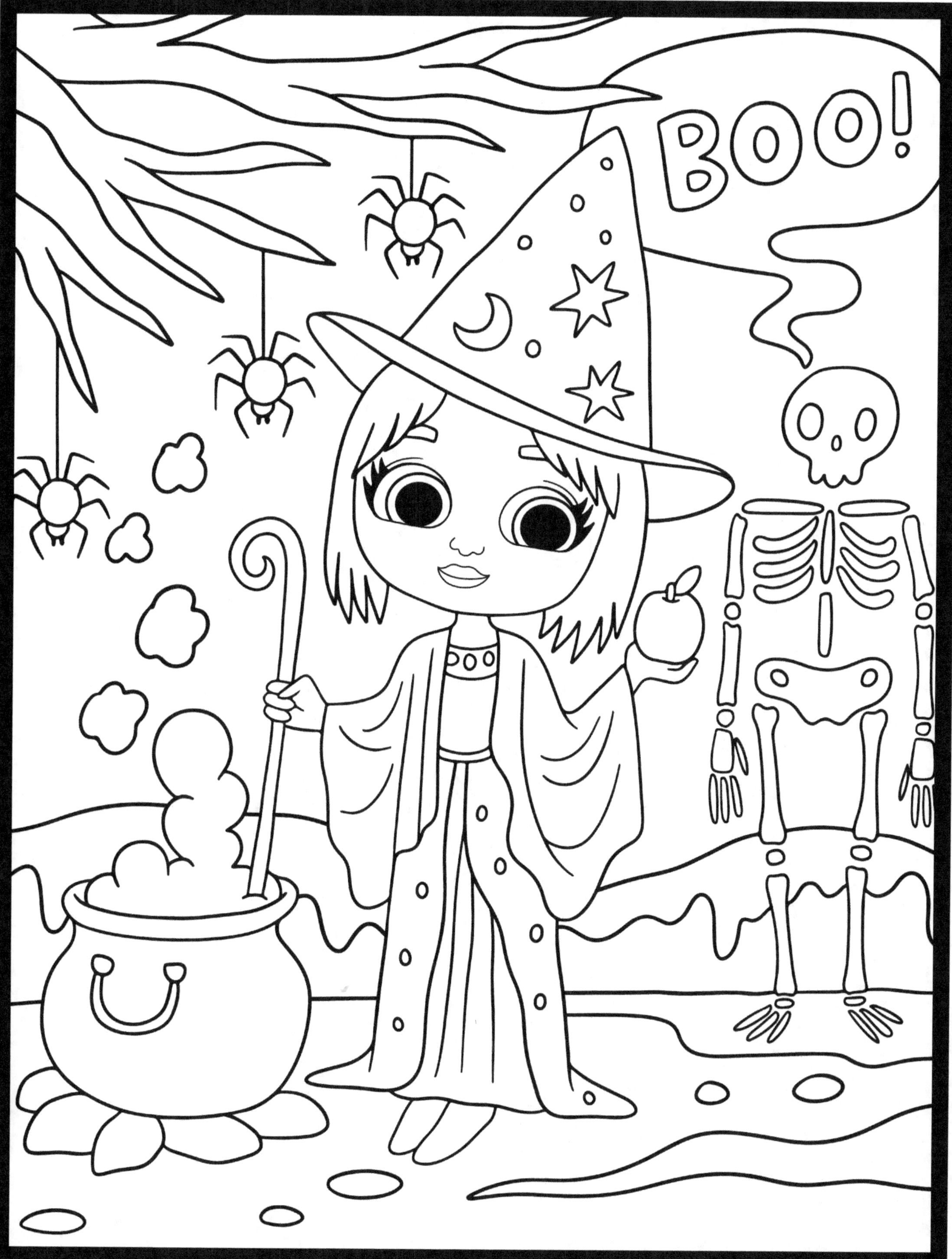
BOO!

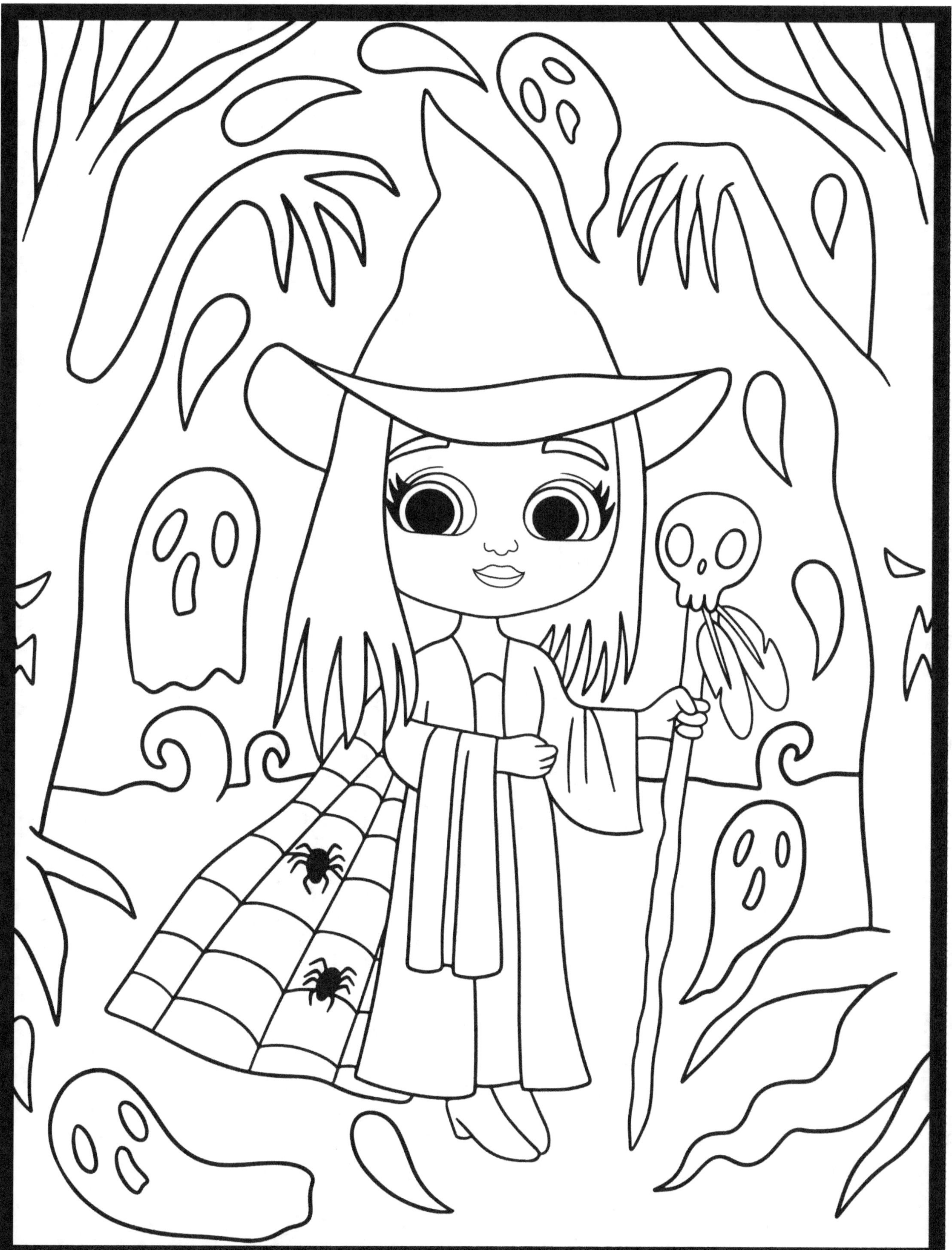

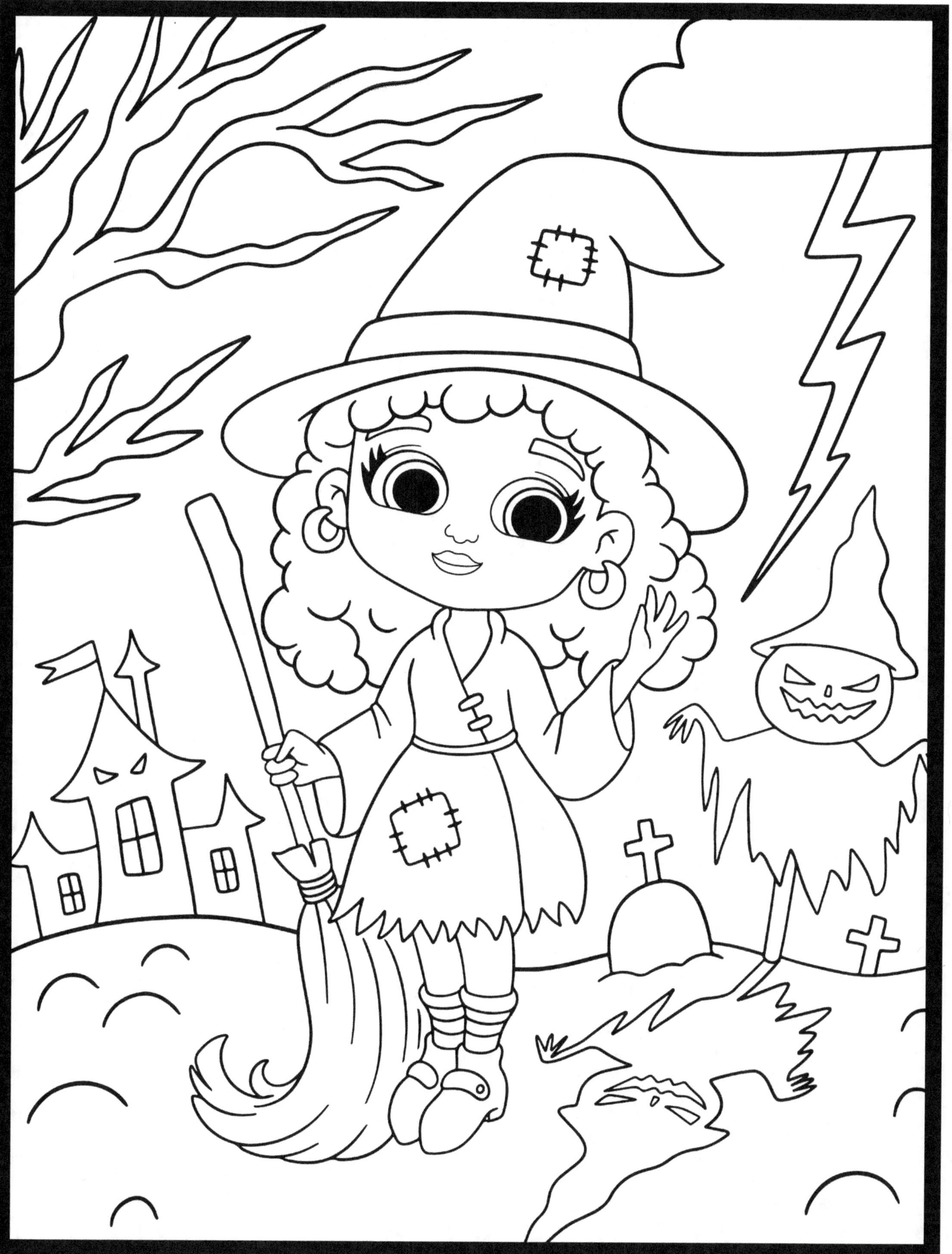

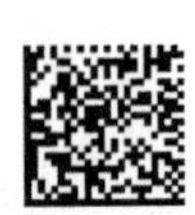
www.ingramcontent.com/pod-product-compliance
Lightning Source LLC
Chambersburg PA
CBHW080836160726
47999CB00009B/2908